Economics for Humans
by Julie A. Nelson
Copyright ⓒ 2006 by The University of Chicago
All rights reserved.

Korean Translation Copyright ⓒ 2007 GONGJON PUBLISHING
Korean translation edition is licensed by The University of Chicago Press, Chicago, Illinois, U.S.A.

이 책의 한국어판 저작권은 The University of Chicago와 독점 계약한 공존에 있습니다.
저작권법에 의하여 한국 내에서 보호받는 저작물이므로 무단 전재와 무단 복제를 금합니다.

사랑과 돈의 경제학
한국어판 ⓒ 공존, 2007, 대한민국

2007년 12월 1일 1판 1쇄 찍음
2007년 12월 5일 1판 1쇄 펴냄

지은이 줄리 넬슨
옮긴이 안진환
펴낸이 권기호
펴낸곳 공존
출판등록 2006년 11월 27일(제313-2006-249호)
주소 (121-805)서울시 마포구 공덕동 461 신영지웰 A-1805
전화 02-2123-9900 팩스 02-2123-9901
이메일 info@gongjon.com
홈페이지 www.gongjon.com

ISBN 978-89-958945-3-8 03320

사랑과 돈의 경제학

사랑과 돈의 경제학

줄리 넬슨 지음 | 안진환 옮김

공존

머리말

오래전 경제학은 우리의 물질적 필요(needs)를 충족하기 위한 재화와 용역의 공급에 관한 것으로 정의되었다. 즉, 경제학은 식료품과 보금자리를 마련하고 이를 통해 '육체와 영혼의 공존'을 위해 시간과 돈을 적절히 관리하는 방법에 관한 것이었다.

하지만 요즘은 경제학에 관한 많은 논의들 속에서 육체와 영혼이 점점 더 멀어지고 있는 것처럼 보인다. 학문적이든 대중적이든, 상업과 이에 관련된 윤리에 대한 이 시대의 많은 논의들에는 특정한 믿음이 내재해 있다. 그것은 바로 돈과 이윤, 시장, 기업이 '경제 기계(economic machine)'의 한 부분이라는 믿음이다. 이러한 믿음에 따르면, 이 기계는 냉혹하고 초(超)도덕적인(도덕과 무관한) '법칙'에 따라 자동적으로 작동하며 우리의 육체를 위한 공급을 체계화하지만 본질적으로 영혼이 없고 비인간적이다.

반면 윤리적 문제들 때문에, 우리는 사회적이고 영혼을 지닌 살아 있는 존재로서 인간이 보여줘야 할 인간에 대한 적절한 존중과 보살핌에 대해 고민하게 된다. 기계는 도덕에 관해서는 무력하다. 그러므로 경제를 기계로 간주하는 사고방식은 상업을 윤리의 영역 밖으로 완전히 내모는 것이다. 만약 이러한 믿음이 옳은 것이라면, 현재의 자본주의나 시장 지향 경제 체제 내에서 우리가 일하고 소비하는 방식과 윤리 의식 사이에는 아무런 관련성이 없다고 할 수 있다.

때때로 이러한 믿음은 친(親)시장(promarket) 형태로 모습을 드러낸다. 저명한 경제학자인 윌리엄 바우몰(William Baumol)은 최근 비평가들의 호평을 받은 자신의 저서[1]에서 "자본주의 경제는 경제 성장을 생산하는 하나의 기계로 볼 수 있다."라고 쓰고 있다. 자유 시장과 친(親)기업(probusiness) 옹호자들은 재계와 정계, 학계에서 다양하게 찾아볼 수 있다.

이러한 옹호자들은 시장 경제를 인간성과 관계없는 '엔진'으로 본다. 끊임없이 늘어나고 다양해지는 물질적 재화와 용역으로 우리의 육체적 욕구를 충족시킴으로써 인류의 복지를 증진시키는 엔진으로 보는 것이다. 그들은 18세기 경제학의 창시자인 애덤 스미스(Adam Smith)가 경제는 이기심에 의해 움직이며 시장의 '보이지 않는 손'이 이러한 이기심으로 하여금 공익에 이바지하도록 만들 것임을 보여주었다고 말한다.

그들은 훌륭한 성과가 그 '기계'의 작동에 의해 '자동적으로' 대두되기 때문에 윤리에 관한 직접적인 고찰은 경제학과 별반 관련성이 없다고 여긴다. 볼테르(Voltaire)의 『캉디드(Candide)』에서 팡글로스 박사가 "우리는 가능한 모든 세상 중 최상의 세상에서 살고 있다."라고 주장하는 것과 같은 논리다.

때때로 초도덕적인 경제 기계에 대한 이러한 믿음은 반(反)시장 혹은 반(反)기업 경향을 동반한다. 기업 비평가로 유명한 데이비드 코튼(David Korten)은 돈의 세계를 지배하는 논리와 규칙 때문에 자본주의는 "우리의 영혼에 대한 권리를 주장하며 우리의 살을 먹고 살고 있다."라고 쓰고 있다.[2] 이러한 시장 혹평가들은 현대의 경제생활은 시스템적으로 탐욕과 만연하는 물질주의에 이끌릴 수밖에 없으며, 따라서 윤리적이고 의미 있는 사회생활과는 완전한 대립각을 이룬다고 말한다.

사회에 비판적이거나 새로운 대안을 찾는 사람들 혹은 좌파적 시각을 지닌 사람들은 '기업 윤리'라는 말 자체를 하나의 모순어법으로 간주한다. 마치 '퍼스널 컴퓨터(personal computer, 어떻게 컴퓨터가 퍼스널(인간적)이 될 수 있는가?)'나 '점보 새우(jumbo shrimp)' 같은 말과 동급으로 취급한다는 얘기다. 그들은 자신들이 제기하는 윤리적 문제를 자본주의 구조 '속에서' 논의하는 것은 시간 낭비나 마찬가지라고 여긴다.

때때로 경제 기계에 대한 믿음을 지닌 사람들의 전반적인 성향을 친기업이나 반기업으로 구분할 수 없는 경우도 있다. 세계를 완전히 단절된 두 부분으로 나누어 생각하는 사람들이 있기에 하는 말이다. 예를 들어 최근에 어떤 주(州)의 사회복지 국장은 수양부모 가정에 지급하는 입양 양육 지원금을 인상해서는 안 된다고 주장했다. 아이 입양이 직업화되고 더 나아가 가내수공업으로 자리를 잡기라도 하면 어쩌겠냐는 이유였다.[3]

이런 사람들은 삶의 특정 영역은 반드시 개인의 이기적인 동기와 분리하고 윤리적으로 보호해야 한다고 믿는다. 특히 육아와 보건, 교육 등과 같이 보살핌이나 인간관계와 관련이 깊은 영역을 특별 취급의 대상으로 삼는다. 그 외의 다른 영역은 일반적인 경제생활을 이끄는 재정적 이해관계의 구도에 맡겨도 무방하다고 믿는다. 이러한 사람들은 '분리된 영역'을 설정함으로써 해결책을 찾을 수 있다고 본다. 상업적인 영역은 기업들이 담당하도록 놔두고 보호해야 할 영역은 비영리 기관 내지 정부 기관들만 관여하도록 해야 한다는 논리다.

이러한 견해들은 몇 가지 면에서 서로 완전히 동떨어진 것처럼 보이지만, 한 가지 기본적인 토대를 공유한다. 좋든 싫든 이 견해들은 화폐와 기업 중심의 시장 의존 경제, 세계화된 시장 의존 경제의 근본적인 추진력과 동인에 공연히 윤리 의식을 덧붙여 방해해서는 안 된다는 주장에 합류하고 있는 것이다.

모든 사람들이 이 책을 전부 읽을 시간(혹은 관심)을 가지고 있지는 않겠지만, 이 책의 기본적인 주장은 다음과 같다.

* 경제 세계가 초도덕적 법칙에 따라 움직이는 생명력 없는 기계라는 생각은 하나의 믿음이지 사실이 아니다.
* 이러한 믿음은 지구상의 생명체와 인간 사회, 그리고 당신이라는 특정인에게 해로운 영향을 끼친다.
* 경제는 인간이 만들어낸 유기체로서 우리의 윤리적 선택에 의해 형성된다는 점을 이해할 때 우리는 개인적으로든 사회적으로든 보다 현명한 의사 결정을 내릴 수 있게 될 것이다.

어쩌면 당신의 첫 번째 의문은 단순히 이런 것인지도 모른다. "내가 왜 당신의 주장에 귀를 기울여야 하는가?" 어쨌든 저명한 경제학자들과 여타의 사회과학자들이 도처에서 '경제 법칙'에 대해 가르치고 있지 않는가. 게다가 모두 깊이 있는 식견으로 들리고 그들의 말을 따르는 것이 맞는 것처럼 보이지 않는가. 당신은 시장 경제 체제를 '움직이는' 메커니즘을 현대 경제학이 올바르게 설명하고 있다는 확고한 믿음을 가지고 있을지도 모른다. 경제를 살아 있는 것이며 윤리적 의미가 실린 것으로 보는 대안은 당신에게 어쩌면⋯⋯ 감상적으로 들릴지도 모른다.

하지만 당신은 이 책을 읽기로 결정한 사람이다. 그렇다면 당신은 이미 현대 경제학에서 벌어지고 있는 '무언가'가 지구상의 생명체나 인간 사회에 해롭다는 믿음을 갖고 있을 가능성이 높다. 어쩌면 당신은 이미 현재의 경제 체제가 많은 분야에서 가혹하고 위태롭고 정의롭지 못한 면을 보여주고 있음을 알고 있을지도 모른다. 또한 당신은 대학에서 배웠거나 책에서 읽었거나 혹은 뉴스에서 들은 친시장 경제학이 모든 것을 설명할 수는 없다고 생각하고 있을지도 모른다.

어쩌면 이미 '대안' 경제학을 주창하는 목소리에 귀를 기울인 적이 있을지도 모른다. 그리고 서로 다른 사람들이 제각기 서로 다른 '구조'와 '메커니즘'을 지목하며 시급히 고쳐야 할 것이라고 주장하는 데에서 혼란을 느꼈을지도 모른다. 혹은, 그러한 논의들이 시종일관 비관적으로만 흐르거나 오로지 이상적인 해결책만 제시하는 모습을 보고 관심을 접었을지도 모른다.

당신은 기업체에서 일하면서 스스로 죄책감을 느껴야 하는 것은 아닌지 고민하고 있을지도 모른다. 기업의 사회적 책임을 옹호하지만 그런 견해를 어떻게 지켜내야 하는지에 대해서는 확신이 서지 않을 수도 있다. 기업이 사회적 책임을 목표로 삼을 필요는 없다고 생각하는 보수주의자들은 당신을 순진한 공상적 사회 개량주의자쯤으로 치부할지도 모른다. 또한 기업은 애초부터 사회적 책임을 질 능력이 없다고 생각하는 급진파는 당신을 배신자라고 비난할지도 모른다. '사회적 책임'을 옹호하는 당신의 입장은 정밀한 '체계적' 분석에 기초하는 기존의 여러 입장들과 비교할 때 중도적이고 김빠진 것처럼 보인다.

만약 당신이 사회 복지 분야에 종사하는 사람이라면 당신의 직업이 왜 당신에게 재정적 희생을 강요하는지 의아해 할지도 모른다. 당신은 교육이나 보건, 육아 분야에 일하는 사람들이 더 나은 급여를 받아야 한다는 주장을 옹호하면서도, "돈을 원한다면 그런 일에 종사하지 말아야 한다."라는 주장을 반박하는 데에는 어려움을 겪고 있을지도 모른다. 결국 당신은 자신의 불편함과 희망을 분명하게 밝히는 데 이용할 수 있는 주도면밀하면서도 탄력적인 논증을 원하고, 지금 당장의 삶에 적용할 수 있는 실용적인 아이디어를 필요로 하는 셈이다.

내가 전문적인 경제학자라는 점도 당신이 이 책에서 말하는 바에(적어도 몇 가지 문제에 대해서라도) 귀를 기울여야 할 하나의 이유가 될 것이다. 나는 경제학 박사 학위를 받았고 정부 기관에서 경제학자로 일하였으며 높이 평가받는 경제학과에서 종신 재직권도 받았다. 연구의 일환으로 학계에서 톱 클래스로 인정하는 몇몇 전문 저널에 글을 싣기도 했다.[4]

경제학 탐구라는 인생의 모험을 감행할 때 나는 두 가지의 또 다른 중요한 관점을 지닌 채 그 과정에 들어갔다. 하나는 빈곤과 박탈에 대한 정신적이고 윤리적인 감수성과 관심이었으며, 다른 하나는 내가 여자라는 점이었다. 경제학과 상업은 전통적으로 남성 중심의 영역이었다. 반면 여성들에게는 전통적으로 집안의 아이들이나 병자, 노인을 돌보는 사적인 임무가 할당되었다.

만일 내가 학교에서 공부하는 동안 배운 바에 따라 삶을 살아가려 했다면 세 부분으로 나뉜 자아를 발달시켜야 했을 것이다. 그리하여 나의 '경제학자적 자아'는 윌리엄 바우몰처럼 경제 기계의 아름다움을 찬양해야 했을 것이고, 나의 '윤리적 자아'는 데이비드 코튼처럼 경제라는 괴물이 양산해내는 부정과 불의에 비난을 퍼부어야 했을 것이며, 나의 '여성적 자아'는 앞서 예로 든 사회 복지 국장처럼 비인격적 경제 생활이라는 거대한 공장 내부에 인간적인 염려와 관심을 위한 비밀 장소를 따로 마련해야 할 필요성을 느꼈을 것이다. 나는 이렇게 쪼개진 삶을 살지 않기로 결심했고, 그것이 바로 이 책을 쓰게 된 동기이다. 집필 작업의 단순성과 독자의 편의를 위해 나는 이 책에서 '윤리(ethics)'라는 용어를 도덕적 의사 결정에 대한 관심과 서로 배려하는 인간관계에 대한 관심, 이 두 가지를 대변하는 의미로 사용함을 밝힌다.

우리는 모두 소비자로서 그리고 때론 직원이나 경영자로서, 회사 및 기업 생활에 깊이 연루되어 있다. 동시에 우리는 모두 도덕적 책임감을 지니고 있으며, 어리거나 아프거나 노쇠하면 보살핌을 필요로 하고 또 인생의 많은 시간 동안 보살핌을 제공한다. 나는 사회과학 분야에서 익숙하게 사용되어 온 특정한 은유와 이미지의 역사를 살펴봄으로써, 경제적 이득과 윤리적 가치가 본질적으로 서로 분리되거나 대립하지 않는다는 사실을 밝힐 수 있으리라 믿는다.

우선 경제학을 우선시하고 윤리를 경시하는 측면에서 발생하는 문제점들을 제시하고자 한다. 1장 '사랑 없는 돈'에서는 애덤 스미스에 의해 도입된 기계적 이미지를 통해, 육체적 욕구 충족에 대한 초기 경제학의 관심에서부터 현대의 대중적이며 학문적인 논의들에 이르기까지 경제학의 역사를 살펴본다. 1장의 한 가지 목적은 경제를 기계적이고 초도덕적이며 시계 장치처럼 작동하는 것으로 보는 은유에 '특정한' 역사적 기원이 있음을 보여주고, 직접적으로 진실을 제시하는 듯한 인상을 풍기는 이러한 생각에 의문을 제기하는 것이다. 또 다른 목적은 낙관적인 친기업 세계관에서도 가치라는 것이 명시적으로든 암시적으로든 중요한 역할을 한다는 점을 보여주는 것이다. 나는 이러한 가치들 가운데 몇몇은 확실히 지지할 수 있으며 다른 몇몇은 각별히 의심해 봐야 한다고 주장할 것이다.

그런 다음, 입장을 바꿔 윤리를 우선시하면서 경제적인 가치라고 생각되는 것들을 비난하는 (혹은 격리시키려 애쓰는) 측면에서 발생하는 문제점들을 살펴볼 것이다. 2장 '돈 없는 사랑'에서는 20세기 초 사회학과 철학에서 발전한 시장 비판적인 관점의 역사를 추적한다. 이 역사를 살펴보면 시장 비판적 관점이 급진적으로 다른 관점을 반영하는 것은 아니라는 사실을 알 수 있다. 그것 역시 친기업 관점과 마찬가지로 18세기 애덤 스미스가 사용한 은유를 기반으로 삼고 있는 것이다. 그리고 친기업 관점에서 그랬던 것처럼, 여기서도 가치가 명시적으로든 암시적으로든 시장 비판적 접근 방식을 정의하는 데 중요한 역할을 한다. 일부 가치들은 확실히 지지할 수 있는 반면 어떤 것들에 대해서는 정당한 의문을 품을 수밖에 없음을 보여줄 것이다.

3장 '고동치는 심장'에서는 경제학과 윤리학을 적절히 통합하려 했던 사회과학의 실패 원인(그리고 결과적으로 대중 담론이 성행하게 된 원인)이 바로 경제를 기계로 보는 은유적 이미지에 의문을 제기하지 못한 데 있음을 보여줄 것이다. 즉, 역사적 요소와 심리적 요소가 어떤 식으로 이러한 은유에 독특하고 무의식적인 힘을 부여했는지 설명한다. 또한 경제생활의 공급적 측면과 윤리적 측면을 하나로 묶어주는 생명체적 은유가 전보다 훨씬 더 유용하리라는 점을 말하고자 한다. 일단 기계적 은유를 배제하고 나면 경제 지지자들과 윤리 지지자들이 모두 동의할 수 있는 합리적인 가치들이 생겨날 수 있다. 모든 것이 급속하게 흑과 백으로 나뉘는 시대인 만큼 얻을 수 있는 동의는 전부 끌어모을 필요가 있다.

다음 두 장은 기계적 관점에서 발생하는 경제생활의 여러 단면에 대한 왜곡되거나 그릇된 믿음 몇 가지를 살펴볼 것이다. 4장 '무엇을 위해 일하는가'는 개인적인 동기와 인간관계에서 발생하는 문제들을 살펴본다. 보살피는 일을 업으로 삼고 있는 사람들이 '돈을 목적으로' 그 일에 종사한다면 과연 정당하다고 할 수 있을까? 누군가를 '인적 자원'으로 고용하는 고용주가 그 사람을 (자원이 아닌) 인간으로 대우해 줄 수 있을까? 혹자는 사회과학이 이러한 의문에 부정적인 답(아니오)을 제시한다고 주장한다. 나는 이러한 관점에 반론을 제기하고, '사랑 아니면 돈'과 같은 양자택일적인 사고가 사람들을 오도하고 있으며 '사랑과 돈'을 함께 추구하는 것이 중요할 뿐 아니라 현실적으로도 가능하다고 주장할 것이다.

5장 '이기적 조직 속에서'에서는 기업 조직 차원에서 발생하는 실제적인 문제들을 제기하고자 한다. 법적 규제와 시장 압력 때문에 기업은 어쩔 수 없이 이윤을 극대화할 수밖에 없는 것인가? 사람을 보살피는 것과 관련된 활동들에 대한 관리는 의당 비영리 단체에게 맡겨야 하는가? 어떤 사람들은 사회과학이 이러한 의문에 대해 긍정적인 답(예)을 제시한다고 주장한다. 나는 윤리적 행동 방식이 본질적으로 조직의 이윤 창출 활동과 대립할 수밖에 없는 것도 아니고 비영리적 목표가 윤리적 행동 방식을 보장하는 것도 아니라고 주장할 것이다.

마지막으로, 6장 '육체와 영혼의 공존'은 시민과 근로자, 부모, 고용주, 주주로서 우리가 취할 행동에 대한 결론을 도출한다. 모순적이면서도 역설적이게도, 보살핌을 제공하는 일이 나머지 경제생활과는 다르다(또는 그러한 영역의 침범으로부터 보호되어야 한다.)는 착각은 보건이나 유아 교육, 사회 복지 부문에서 절대적으로 필요로 하는 경제적 자원의 결핍을 초래한다. 역설적이면서도 모순적이게도, 기업이 윤리적인 조직이 될 수 없다는 착각은 기업으로 하여금 사회적 책임을 외면하게 만들며, 더 나아가 기업의 잘못된 행태를 묵과하는 분위기를 야기한다. 개인으로서는 물론이고 인간 종족으로서 살아남고 번영을 이룩하려면, 우리는 육체와 영혼을 함께 유지하는 완전한 인간으로서 행동해야 할 것이다.

차례

머리말 ·········· 5

1장 사랑 없는 돈 ·········· 21
2장 돈 없는 사랑 ·········· 51
3장 고동치는 심장 ·········· 75
4장 무엇을 위해 일하는가 ·········· 109
5장 이기적 조직 속에서 ·········· 149
6장 육체와 영혼의 공존 ·········· 193

주(註) ·········· 215
옮긴이의 말 ·········· 228
찾아보기 ·········· 231

1장

사랑 없는 돈

만국의 경제학자들이여, 대오각성하라!

경제학의 시작

'경제(economy)는 생활의 일부' 라는 생각의 기원은 평범하다. '경제' 라는 단어는 '집'을 의미하는 그리스어 oikos와 '관리하다' 라는 의미의 nomos에서 유래했다. 『옥스퍼드 영어 사전』(1697)을 보면, 초기에 이 말은 "자신의 가정을 유지하기 위해 경제적(oeconomick) 기술을 이용했다."와 같은 구문에 사용되었음을 알 수 있다. 훌륭한 가사 관리, 즉 경제란 음식을 비롯한 여타의 생필품이 가정에 제대로 공급되게 함으로써 가정을 유지하는 것이었던 셈이다.

인류 역사의 많은 부분 동안, 사람들은 가정 경제라는 것을 서서히 변화해 가는 관습이 정해 주는 일들을 수행하기 위한 자급자족의 문제로 보았다. 소수의 지배 계층은 땅과 금으로 자신들의 부를 측정했다. 그래서 경제학은 가정 필수품 공급에 더하여 지배 계층을 부양하기 위한 세금 징수라는 부차적 주제도 다루게 되었다. 당시 상업 계층은 수가 매우 적었다.

18세기 중반, 영국에서 시작된 산업혁명은 상황을 급격하게 변화시켰다. 혁명이 진행됨에 따라 공장 생산 방식이 조직되었고 공산품을 위한 시장이 발달하였으며, 그로 인해 공급 체계 전반에 새로운 양상이 나타났다. 또한 화폐와 시장의 활용이 확대되면서 급여 노동자의 중요성이 증가하였으며, 산업 생산을 지속시키기 위한 재정적·물질적 자본이 새로운 역할을 맡게 되었다. 이러한 것들은 그 이전까지 거의 정체 상태에 머물렀던 경제 상황을 거대하고 지속적으로 변화하는 그 무엇으로 바꾸어놓았다. 부는 점차 사업적인 생산 및 이윤의 개념과 동일한 것으로 여겨졌다. 이에 더하여 사업가와 공장 소유주를 한편에 두고 또 다른 편에는 급여 노동자를 두는 새로운 계층 구조가 형성되었다.

고전경제학파는 이와 같이 새로 등장한 경제적 관계 양상을 이해하려는 열망에서 생겨났다. 고전경제학의 가장 선구적인 인물이라 할 수 있는 스코틀랜드 출신의 철학자 애덤 스미스(Adam Smith)는 부의 창출 과정에 매료되었다. 그는 1776

년에 스스로 기록한 바와 같이, 사람들에게 '생필품과 생활용품'을 공급하는 문제와 관련해 사회가 어떤 식으로 움직이는지를 탐구하고자 했다.[1] 공장 시스템이 노동의 분업화와 전문화를 이용하는 방식에 대한 그의 통찰력, 그리고 자본과 시장의 역할에 대한 그의 통찰력은 자본주의라는 새로운 경제 체제를 이해하기 위한 토대를 구축하는 데 기여했다.

그러나 고전경제학파가 산업혁명 동안에 등장했다는 사실은 연구의 내용(자본주의 산업 체제)뿐 아니라 그것을 이해하는 형식에도 영향을 미쳤다. 공장이 등장한 시기는 그보다 어느 정도 앞서서 등장한 과학과 기술을 기반으로 기계 시대가 시작된 시기와 일치한다.

이 시기는 세계를 인식하는 기본적인 방식이 변화하던 때였다. 16세기 유럽 사회에서 우세했던 인간과 자연의 관계에 대한 관념은 주로 종교에 기초하였거나 혹은 일부에서 주장하듯이 미신에 기초하였다. 사람들은 스스로를 살아 움직이는 우주에 깊게 새겨진 존재로 인식했다. 씨를 뿌리거나 수확을 하거나, 살아 있는 대지로 들어가는 갱도에 설 때마다 종교 의식이 함께했다. 간단히 말해서, 당시의 공급 활동은 신성에 대한 이해를 통해 수행되는 것이었다고 해도 과언이 아니다. 지옥에 대한 공포는 모든 행동에 도덕을 연관시키도록 부추겼다. 학문적 연구라는 것도 주로 종교 텍스트를 연구하는 것이었다.

그러다가 17세기에 들어서면서, 세계를 시계처럼 규칙적으로 움직이는 기계 장치로 이해하려는 새로운 생각이 힘을 얻게 되었다. 이러한 생각은 갈릴레오 갈릴레이(Galileo Galilei)의 초기 역학 연구에서 출발하여 르네 데카르트(Rene Descartes)의 철학적·수학적 역작을 거쳐 마침내 아이작 뉴턴(Isaac Newton)의 위업을 통해 최고조에 이르렀다. 세계의 물리적인 측면들은 이제 수학과 법칙으로 설명할 수 있는 힘과 구성 요소를 지닌 것으로 여겨졌다. 뉴턴의 제2운동법칙은 힘과 질량, 가속도의 관계를 간결한 계산 공식으로 요약해 주었다. 과학의 진보는 기술 혁신을 촉진시켰고, 이는 다시 산업화를 이끌어냈다. 그와 더불어 물질세계에 대한 사람들의 사고방식과 지식에 대한 사고방식 역시 급격한 변화의 물결을 탔다.

18세기 사람인 애덤 스미스가 당대의 경제적·정치적 삶을 묘사하는 데 있어 당시 유행하던 기계 은유를 사용한 것은 당연한 일이다. 그는 다음과 같이 썼다.

부와 권력은 거대하고 부지런한 기계와 같다. 몇몇 부품들의

연접과 의존에 주의만 기울이면 정치 기계의 바퀴를 조화롭게 돌아가도록 만들 수 있다.²

물론 스미스의 가장 유명한 주장은 "개인의 이기심 추구는 시장 체제의 자기 조절 메커니즘에 의해 타인의 이익에 기여하는 봉사로 전환된다."일 것이다. "우리가 저녁을 먹을 수 있는 것은 정육점 주인이나 양조업자, 제빵업자의 자비심 덕분이 아니라, 그들의 이기심 때문이다."³ 그는 이기심에서 나오는 개인적 행동이 시장의 '보이지 않는 손'에 이끌려 공익 증진에 기여하게 된다고 말했다.⁴ 스미스의 저서를 충분히 읽어보면 그가 사실 도덕과 관련해 고심하고 상업 규제의 필요성을 인식한 사상가였음을 알 수 있다. 하지만 우리가 스미스를 자유 시장(laissez-faire) 경제의 창시자로 규정하는 이유는 역시 '보이지 않는 손'을 설파한 통찰력 때문이다. 스미스 이후 이기심은 경제생활의 '톱니바퀴'를 움직이는 '에너지원'으로 여겨졌다.

21세기를 사는 우리의 관점에서는 믿기 어려울지도 모르지만, 초기 과학자들과 경제학자들은 대개 종교와 철학에서 제기되는 의문들과 과학 사이에 어떠한 불일치나 단절이 있다고 보지 않았다(당시 교회의 힘을 감안하건대 적어도 인정하지는 않은 것으로 봐야 한다.). 대부분의 계몽주의 철학자들에게 자연을 시계와 같은 것으로 보는 관념은 신을 시계공(즉, 창조자)로 보는 관념과 분리할 수 없는 것이었다. 그들은 신이 목적과 가치를 부여하였으므로 이 세상은 기계적인 동시에 목적과 가치 역시 충만할 수 있다고 생각했다.

그렇지만 그 이후의 과학자들과 철학자들은 그러한 시계 장치에 대한 연구가 사실상 그 어떤 목적이나 가치 혹은 윤리에 대한 관념 없이도 잘 수행될 수 있는 것처럼 보인다는 점을 점차 깨닫게 되었다. 그리하여 점점 시계공에 대한 관념은 과학적 연구와는 무관한 것으로 여겨지게 되었다. 이런 과정을 가속화한 인물이 바로 찰스 다윈(Charles Darwin)이다. 다윈은 진화론을 내세우며 신성한 설계(divine design, 즉 창조)와는 완전히 다른 메커니즘을 가정하였다. 신성한 설계로 세상이라는 시계 장치의 '살아 있는' 부품들이 창조되었을 가능성마저 배제해 버린 것이다. 경제학자들도 동일한 과정을 따라 점차 자신들의 작업을 도덕이나 영적 본질에 대한 탐구와 관련된 연구라기보다는 경제 '기계'를 움직이는 동력과 메커니즘에 대한 객관적인 연구로 생각하게 되었다.

현대의 친기업 관점

현대의 친기업, 친시장, 친자본주의 관점은 일반적으로 아래의 '목록 1'에 제시된 것과 같은 가치들을 가장 우선시한다.

목록 1
- 생존과 번영을 지원하는 재화와 용역의 생산
- 고용 기회의 창출
- 재정적 자립과 자기 자신에 대한 책임 의식
- 삶을 향유하는 가운데 창조하고 혁신하고 성장할 수 있는 기회

이러한 관심이 강조하는 바는 결국, 지난 200년 동안 자본주의와 시장 지향 경제 체제 하에서 물질적 부와 그에 대한 관심이 비약적으로 증가해 왔다는 점이다. 기업의 이윤 추구를 지지하는 사람들은 자유 시장 경제가 제공하는 기회와 경쟁의 원리를 경제적 번영 속에서 이뤄지는 급속한 발전의 원동력으로 본다. 기업의 경영자들은 종종 (그리고 정당하게) 그들이 공급하는 재화와 용역, 그리고 그들의 회사가 창출하는 일자리에 대해 자랑스러워한다. 그들은 자유 시장 경제가 기꺼이 일하려는 모든 사람들에게 좋은 수입을 얻고 사회에 기

여할 수 있는 기회를 제공한다고 진심으로 믿는다. 이들은 자립과 숙련된 기능에 높은 가치를 부여한다. 친기업 옹호자들은 노동자뿐 아니라 혁신을 행하고 위험 요소를 감수하는 사람들에게도 양질의 보상을 제공해야 한다고 믿는다.

여기까지만 살펴보면, '목록 1'의 가치들을 특정한 경제 체제에 묶어버리는 사고의 사슬에는 동의하지 않는 사람이라도 위의 가치들 자체를 완전히 무시할 수는 없을 것이다. 기업 자본주의를 이상적인 체제라고 생각하든, 아니면 더욱 사회적인 경제 양식 또는 보다 작은 규모의 경제 양식을 이상적으로 보든, '목록 1'의 가치들을 높이 평가하는 것에 관한 긍정적인 무언가가 보이지 않는가.

우리는 행복한 삶을 영위하기 위해 재화와 용역을 필요로 하지 않는가. 실직자가 되면 재정적으로뿐만 아니라, 자신에 대한 무력감 때문에 심리적으로도 고통을 받지 않는가. 능력이 되는 한 자기 자신은 스스로 책임지는 것이 온당하다고 느끼지 않는가. 우리 대부분이 직업 생활을 영위하는 가운데서도 종종 창의적 출구를 갈망하지 않는가. 이와 같은 점들에 대해 생각해 보면, 나는 우리 모두가 위의 관점이 장려하는 가치들을 어느 정도까지는 인정할 수 있다고 생각한다.

친기업 관점에서 상대적으로 더 문제가 되는 부분은 긍정적인 모든 것들이 시장 체제의 '자동적인' 기능에 의해 생산될 수 있다고 추정할 때 생겨난다. 다시 말해서 애덤 스미스에게서 힌트를 얻어, '보이지 않는 손'이 탐욕조차도 선(공익)에 기여하도록 만들 것이기 때문에 윤리 문제는 직접적으로 언급할 필요가 없다는 태도를 취하는 것이 문제라는 얘기다. 일부 기업 경영자들과 기업 관련 학자들은 물론 이보다 훨씬 더 세련된 생각을 갖고 있지만(3장에서 다룰 것이다.) 오늘날 대중 담론 속에 널리 퍼지고 있는 친시장주의에 대한 열광은 실로 이런 종류의 단순한 논리를 기반으로 한다. 결국 친기업 옹호자들이 시장의 마법을 찬양하는 애덤 스미스와 그의 지지자 대열에 합류한 셈이다.

애덤 스미스의 얘기를 좀더 들어보자.

> 무역과 제조업의 확대라는 정책의 완성은 숭고하고 위대한 목표다.…… 우리는 이 아름답고 장대한 체제의 완성을 보는 데서 기쁨을 얻는다. 그것의 규칙적인 움직임을 방해하고 거추장스럽게 하는 장애물들을 제거할 때까지 우리는 안주할 수 없을 것이다.[5]

현대의 자유 시장 지지자들이 제거하기를 원하는 '장애물'

은 정부 규제와 영업세, 국제 무역에 대한 제약 등이다. 이들은 그러한 것들이 부를 창출하는 데 있어 발목을 잡는 요인이라고 믿는다.

이들은 또한 소득의 재분배를 위한 과세와 사회 복지 비용에 반대한다. 왜냐하면 그러한 것들이 개인적인 노력을 통해 개인적 보상을 받을 수 있게 하는 현재의 메커니즘을 불완전하게 만든다고 생각하기 때문이다. 사회적 책임 의식을 갖고 취해야 하는 기업 측의 사려 깊은 행동조차 이들은 생산을 방해하는 요소로 본다. 이러한 것들이 달성 가능한 최상의 세계를 이끌어내는 이윤 추구 방식에서 그 원동력을 빼앗아갈 수 있다는 것이다. 이들은 시스템이 작동하는 과정에서 가난과 실직, 사회적 재난, 환경 문제 등이 발생하는 것이 아니라, 그 과정에 놓여 있는 장애물로부터 이러한 문제들이 발생한다고 생각한다. 이들은 정부의 '간섭'과 여타의 방해물만 제거한다면 자유 시장 체제가 모두를 위한 부를 만들어낼 수 있을 것이라고 말한다.

이러한 일반적 세계관이 학계의 이론 경제학에서 어떤 과정을 거쳐 지지를 받아왔는지 논하기 전에, 먼저 이 친기업 성향의 사람들이 어떤 식으로 자신들에 대한 비판을 받아들이는지 잠시 살펴보기로 하자. 이들은 자신들의 주장에 의문을 제기하는 사람들을 경제가 창출한 가치들, 즉 '목록 1'에 소개한 가치들을 알아보지 못하는 비현실적 이상주의자로 간주한다. 많은 사람들을 빈곤에서 벗어나게 한 경제의 역할에 감사할 줄 모르는 사람, 필경 놀고먹는 히피 유형에다 부담은 애써 피하려는 비산업적인 인간으로 보는 것이다. 또한 몇 가지 이유에서 이들은 비판자들의 생각이 학계의 상아탑이나, 종교 기관 혹은 비영리 기관의 이상주의에 기반한 순진한 생각이라고 여긴다. 거기서 실제 기업 세계의 크고 작은 소동이나 소란과는 벽을 쌓은 채 세금이나 기부로 모은 돈에 의존해 살면서 엉뚱한 소리나 늘어놓는다는 얘기다.

만약 당신이 '목록 1'의 가치들에 부여되는 우선권에 동의하지 않는다면, 친기업 성향의 사람들은, 간단히 말해 당신을 아래 '목록 2'의 특성을 보이는 사람으로 추정할 것이다.

목록 2
* 재화와 용역의 공급에 대한 수동적 태도
* 실제적인 필요와 제약에 관심이 없는 초세속적 성향
* 의존성을 초래하는 재정적 무책임
* 금력과 권력에 대한 두려움

몇몇 기업 단체들은 학문 기관들과 관련 학과들에 분노를 표시한다. 학문 기관들과 관련 학과들이 좌파적이고 고지식하며 손댈 수 없을 정도로 반기업적인 지식인들의 온상이라고 생각하기 때문이다. '목록 2'의 특성들은 대개 기업 단체들의 불만 목록에 자주 등장하는 것들이다. 기업 경영자들은 인간의 보다 나은 삶을 이끌어내는 활동과 공급을 한 축에 놓고, 지금까지 달성한 모든 것들을 과소평가하고 손상시키는 나태와 이상주의적 초세속성을 반대 축에 놓으며, 그 두 축 사이의 갈등과 충돌을 가치 있는 것으로 본다.

말할 것도 없이, 비판자들에 대한 친기업 인물들의 낮은 평가는 대화를 위한 좋은 토대를 구축하는 데 방해가 된다. 그러나 나는 그 동안 경제학의 안팎을 경험하며 인간의 경제생활에 대한 좀더 적절한 사고방식을 찾아야 한다는 생각을 떨쳐버릴 수 없었다.

나의 경제학 입문

나의 어릴 적 꿈은 결코 경제학자가 아니었다. 1960년대에 어린 소녀였던 나는 여느 여자아이들과 마찬가지로 발레리나 같은 것이 되고 싶었다. 나는 대학에 들어가 말 그대로 우연히 경제학을 수강하게 된 경우에 해당한다. 사실 고등학교 시절 한동안은 내가 과연 대학에 갈 수 있을지조차 확신할 수 없었다.

어머니는 20대에 류머티즘 관절염에 걸렸고, 내가 초등학교에 들어갈 무렵에는 목발에 의지해야 할 정도로 병세가 악화됐다. 두 언니들은 차례로, 어머니가 옷 입는 것을 돕고 쇼핑을 하고 식구들에게 저녁을 차려주고 심부름을 다녀오는 것과 같은 집안일을 떠맡았다. 두 언니들이 모두 대학에 가버리자 그러한 일상이 나에게 돌아왔다. 막내인 나마저 대학에 가버리면 누가 그러한 일들을 맡는단 말인가? 나중에 안 사실이지만, 부모님은 나의 교육에 관해서만큼은 그 어떤 것과도 타협할 생각이 없었다. 결국 사촌 여동생이 내 역할을 물려받도록 호출되었고, 나는 집안일의 책임에서 벗어나 미네소타에 있는 루터교 계통의 세인트올라프 대학교에 진학하게 되었다.

컴퓨터가 도입되기 이전 시절에 흔히 그랬던 것처럼, 우리 신입생들은 새로 지은 체육관에 떼 지어 몰려가 수강 신청을 했다. 그곳에는 학과명을 알리는 마분지 표지판을 내건 접이식 탁자들이 놓여 있었다. 각각의 탁자 뒤에 있는 칠판에는 이미 마감된 수업들이 기록되었다. 사실 나는 수강 신청 전에 전공을 써내야 하는 서류 양식에 '미확정'이라고 적어냈다. 그래서 학교 측에서는 임의로 한 역사학자를 나의 지도교수로 배정해 놓은 상태였다. 나는 빈 수강신청서를 앞에 두고 지도교수 맞은편의 차가운 금속 의자에 앉았다. 우리는 손쉽게 수학과 종교, 언어 등 필수 학점을 채우기 위한 수업들의 이름을 용지에 채워넣을 수 있었다.

"사회과학 필수 과목은 어떻게 할까요? 관심 있는 분야가 있나요?"

지도교수가 물었다.

"심리학에 조금 관심이 있습니다."

내가 대답했다. 그러나 불행히도 심리학 입문 과정은 모두 마감된 상태였다.

"경제학을 해보는 것도 재미있을 텐데……."

지도교수는 이렇게 말하며 나를 거의 반강제로 경제학과 탁자로 이끌고 갔다. 그런데 내 시간표에 맞는 입문 강좌는 모두 이미 인원이 차 버렸고, 나는 안도의 숨을 내쉴 수 있었다. 사실 그 당시 나는 경제학 하면 기업을 연상했고, 기업 하면 탐욕을 떠올렸으며, 어쨌든 그런 것은 루터교 성직자의 딸인 나의 가치관이나 자아상에 맞지 않는다고 여겼다. 하지만

지도교수는 경제학 입문 과정을 맡은 교수와 친구 사이였고, 두 분은 인원이 찼지만 내 시간표에 맞는 수업에 나를 추가하는 방안에 대해 대화를 나누었다. 그분들이 잠깐 동안의 대화를 마칠 무렵, 나는 어느새 경제학을 최우선 전공으로 신청하고 있었다.

교회와 관련된 대학에 입학하는 대부분의 학생들이 그렇듯, 나 역시 어떤 방식으로든 신을 섬기는 삶에 대한 포부를 안고 그곳에 들어갔다. 세인트올라프는 의사와 간호사, 그리고 성직자를 많이 배출하는 대학교로 유명했다. 아버지는 항상 내가 의학부 예과에 들어가서 훗날 의료 선교 활동을 하기를 원했다. 비록 이 계획의 의학과 관련된 측면에 대해서는 내가 정말 좋아하는지 확신할 수 없었지만, 원칙적으로 계획 자체에는 마음이 끌렸다.

세인트올라프 대학교의 경제학 교수들은 경제학을 가르치는 것 역시 미션스쿨이 지향하는 가치들과 일치한다고 믿는 매우 온화하고 인간적이며 지적인 분들이었다. 나는 경제학이 사회과학이라는 것을 알게 된 후, 즉 넓은 의미에서 인간의 사회적 행동 양식이 체계화되는 방식을 이해하기 위한 학문이라는 것을 파악한 후, 단순히 경제학을 기업과 연관시키는 생각을 버리게 되었다.

어쩌면 경제학 공부를 통해 세계적인 빈곤 문제를 해결하는 데 기여할 방법을 배울 수 있을지도 모른다는 생각을 하게 된 것이다. 이제 나는 의료계에 들어가는 대신, 어째서 빈국에는 훌륭한 병원 시설이 그렇게 부족한지, 어떻게 하면 경제 체제를 사람들의 건강 증진에 기여하는 방향으로 전환할 수 있는지 등등을 진단하고 파악하는 일에 종사할 수 있게 될 것 같다는 생각까지 들었다. 또한 내 수학 실력을 활용할 수 있다는 사실도 흡족하게 여겼다. 이리하여 나는 대학에서 경제학 공부를 본격적으로 시작하게 되었다.

이론 경제학의 발전

학계의 경제학자들은 경제학의 기계 은유를 매우 진지하게 받아들였다. 존 스튜어트 밀(John Stuart Mill)은 이렇게 단언했다. "경제학자는 물리 메커니즘을 연구하는 과학자들이 발견한 '운동 법칙'에 상응하는 '인간 본성의 법칙'에 기초하여 부의 창출에 대한 지식을 갖춰야 한다." 경제학을 과학의 하나로 연구하기 위해서 밀은 경제학자들이 인간에 대해 나름의 정의를 내리는 것이 유용할 것이라고 보았다. 즉, 노동력이나 물질적인 금욕은 최소화하면서 가급적 많은 양의 생필품과 생활용품과 사치품을 가지려는 존재, 혹은 부의 소유를 갈망하는 존재, 또는 목적을 얻기 위한 수단의 효율성을 비교·판단할 수 있는 존재로서 인간을 정의하고자 했던 것이다.[6] 이러한 개념은 후에 '경제인(economic man)'이라는 용어로 요약된다. '경제인'은 오직 자신의 물질적·재정적 이득에만 관심이 있는 개인적이고 합리적인 계산기라고 할 수 있다.

19세기 후반 몇몇 학자들이 스미스와 밀의 생각을 수학적 용어로 공식화하기 시작했다. 이 1세대 '신고전주의' 경제학자들에는 프랜시스 에지워스(Francis Edgeworth)와 윌리엄 스탠리 제번스(William Stanley Jevons), 레옹 왈라스(Leon Walras), 빌프레도 파레토(Vilfredo Pareto) 등이 포함된다. 이들이 주창한 계산 기반 모델(calculus-based model)들은 명백히 초기 기계 물리학에서 그 개념을 차용한 것이었다. 이들의 모델은 기업이란 상품을 생산하고 산술적 이윤 추구 기능을 극대화하기 위해 '경제인'처럼 계산하는 존재라는 아이디어에 기초했다. 즉, 비용과 수입이 모두 금전적인 단위로 측정되는 만큼, 이윤이란 주제에 수학을 적용하는 것은 당연하다는 논리였다.

하지만 가구(household)는 이보다 조금 더 복잡한 문제를 안고 있었다. 가구 역시 산술적으로 측정 가능한 금전적 수입을 얻고 있으며, 이는 부인할 수 없는 사실이다. 그러나 신고전주의 경제학자들은 각 가구의 소비 결정 방식을 어떻게 설명해야 하는가 하는 문제에 봉착했다. 각 가정에서 오렌지를 사고 자전거를 사고 머리를 자르는 데 쓰는 구매 비용의 총합 혹은 그러한 비용을 '투자'하는 목적을 공통된 하나의 단위로 측정할 수 있는 '그 무엇'으로 볼 수 있는지 여부가 분명치 않았던 것이다.

신고전주의 경제학자들은 여기서 약간의 창의성을 발휘한다. 그들은 각 가구가 최대화하려 애쓰는 그 무엇으로 '효용성(utility)'이라는 것을 고안해냈다. 그들은 가구의 모든 결정이 '효용성'(혹은 만족감)을 대변하는 단일 숫자를 가능한 한 최대치로 증가시키기 위한 것이라는 가정을 설정했다. 신고전주의 경제학자들은 이러한 허구를 만들어냄으로써 가구에서 발생하는 문제들에 대해서도 이윤을 극대화하려는 기업들의 경우와 마찬가지로 수학적으로 접근할 수 있다고 추정했다.

이들은 또한 기업과 가정이 자유로운 경쟁 시장에서 상호작용한다고 보았다. "자유로운 경쟁 시장에서는 단지 사거나 팔고자 하는 제안들만 의사소통될 필요가 있는데, 이러한 제안들은 금전적 가격과 물질적 양이라는 한 쌍의 수치화할 수 있는 가치의 형태를 띠게 된다. 거래가 이루어지는 가격과 양은 시장의 힘에 의해 자동적으로 결정되며 그 수준은 수요와 공급의 조건에 따라 조정된다." 이들은 경제학의 개념들 역시 물리 과학의 개념들과 직접적으로 상응할 수 있는 것으로 간주하였다. 이윤과 효용성, 가격을 시장의 상호작용 속에서 비인격적인 힘에 의해 증가되거나 감소되는 입자에 비유한 것이다.

인간의 행동 방식에 대한 분석을 이러한 수학적 규격에 짜 맞춰 넣는 것은 애덤 스미스의 초기 시계 장치 경제 이미지와 정교하게 맞물린다. 간단한 수학 공식으로 그 행동을 설명할 수 있는 로봇과 같은 것으로 인간의 배역이 바뀌자, 경제에 대한 개념은 '과학적'으로 연구할 수 있는 비인격적이며 기계적인 것으로 고정되었다. 1930년대, 경제학자 라이오넬 로빈스(Lionel Robbins)는 선배들이 내린 경제학 정의와 관련해 "욕구는 무한하고 자원은 희소한 상황에서 경제학은 '선택'의 과학으로 정의될 수밖에 없었을 것"이라는 해석을 내놓았다. 경제학계 내부에서, 부와 그것의 창출 및 분배에 주안점을 두었던 고전주의적 관점은 그렇게 점차 이성적 선택의 계산법을 강조하는 신고전주의 경제학파에 길을 내주었다.

심지어 신고전주의 경제학파는 시장의 자율적 작용들이 궁극적으로 사회적 공익에 기여한다는 스미스의 주장마저도 수학적으로 '증명'해냄으로써 최후의 일격을 가했다. 경제학의 하위 분야인 '후생경제학(Welfare Economics)'은 사람들의 일반적인 기대와 달리 정부의 구체적인 프로그램을 다루는 게 아니라, 그보다는 오히려 사회 복지를 최대화하는 데 기여하는 경제적 조정 활동을 찾기 위한 추상적 이론들을 주로 다룬다. 소위 '후생경제학의 제1기본정리'라는 것은 비전문적 용어로 표현하자면 '자유 시장 경제가 우리에게 모든 가능한 세계 중 최상의 세계를 제공한다'는 점을 언급하기 위해 차용된다. 이 정리는 자유 시장에서 간섭은 오직 사회적 해악만 초래할 뿐이라는 점을 보여준다.[7] 이렇게 신고전주의 이론은 대중 토론이나 미디어 토론에서 자유시장주의적 관점을 공식적이면서도 학문적으로 지지해 왔다.

오늘날 미국이나 유럽 등지의 대부분의 대학에서 가르치는 경제학의 핵심 교과과정은 이와 같은 신고전주의 학파의 모델에 기초한다. 신고전주의 이론을 배우는 많은 대학생들은 강의실에서 경제학 지식이라고 제시되는 많은 것들이 실제의 기업과 가구에 대한 경제학자들의 철저한 연구를 기초로 한 것이 아니라는 점을 깨닫지 못한다. 사실 그것들의 기초는 수학적으로 편리한 몇 가지 가정들과, 경제는 기계적으로 움직인다는 스미스적 이미지일 뿐이다. 경제학 입문 수업에서 학생들은 "한계수입은 한계비용과 같게 설정하라."와 같은 법칙들을 배운다. 좀더 높은 단계의 수업이나 대학원 수준의 수업에서는 기초가 되는 모델이 보다 명료하게 드러난다. 일단 학생들이 계산법을 익히고 나면 교수들은 학생들이 이전에 암기한 법칙들이 유도된 실제의 수학 함수를 소개한다. 수학광(狂)이나 몰두할 법한 방식으로 매우 정밀하게 말이다.[8]

기계 이미지는 학계의 이론 경제학에 너무 뿌리 깊게 박혀 있어 이것이 '특정한' 이미지일 뿐이라는, 다시 말해 이것 역시 사물을 바라보는 하나의 '특정한' 방식일 뿐이라는 사실마저 잊게 만든다. 신고전주의 이론은 대개 다른 이론들과의 관계 속에서 고찰되어야 하는 특정 이론으로 제시되는 게 아니라, 시장 경제가 기능하는 핵심적 방식에 대한 직접적인 '진리'로 제시된다.

윤리학에서 경제학을 분리해내는 것은 오늘날 많은 사람들에게 완전히 자연스러운 일로 보인다. 주류 경제학자인 내 동료들도 경제학을 그 시스템 내에 존재하는 메커니즘을 이해해야 하는 명백한 과학의 하나로 여기고 있다. 그들에게 윤리학은 유연하고 주관적인 주제이며, 필연적으로 가치 판단과 모호함을 내포하는 것이다. 그들은 윤리학을 그들이 연구하는 경제학처럼 '견고한' 영역이 아닌 것으로 본다. 경제학은 객관적이고 '가치 판단에서 자유로운' 전제로 시작하여, 명료하면서도 정확하고 옹호할 수 있는 결론을 논리적으로 이끌어내는 학문인데, 윤리학은 그렇지 않다는 것이다. 대부분의 경제학자들은 경제 과학이 윤리학에 대한 관심 없이도 잘 나아갈 수 있다고 믿는다.

이론 경제학에서 중시하는 가치들

앞서 언급한 바와 같이, 기업가들이 자본주의를 옹호하는 이유는 공급과 고용 창출, 자립, 혁신 등의 가치를 높이 평가하기 때문이다. 그렇다면 경제를 학문으로 연구하는 자들, 즉 경제학자들은 어떠한 가치들을 이 기계적 모델의 기반으로 삼고 있을까?

대부분의 신고전주의 경제학자들은 자신들의 분석이 가치를 기반으로 한다는 사실 자체를 인정하기 싫어한다. 그들은 자신들의 핵심 모델이 공공 정책을 이끌어내는 지침이 될 수 있는지 여부와 관련해서는 각각 의견을 달리한다. 그러나 이들 중 많은 수가 자유 시장을 옹호하는 대중영합주의자들이 제안한 정책들에는 반대한다. 정치적 충성에서 그러한 모델들을 고안한 게 아니라, 대개의 경우(학계 내에서 기계 은유를 정교화하는 데 지침 역할을 해온) 물리학을 흉내내는 '과학성(scientificity)'과 수학적 정확성을 달성하는 것이 목적이었기 때문이다.

나는 이미 밀의 경우에서 이에 대한 분명한 예를 제시한 바 있다. 사실 밀은 사람들을 '경제인'이라는 협소한 개념으로 일반화하는 것이 오류라는 것쯤은 간파할 수 있는 식견 넓은 철학자였다. 그러한 그가 무슨 이유로 경제학에서 그런 가정을 사용해야 한다고 주장한 것일까? 밀은 경제학이 과학으로서 최상의 진보를 거듭하려면 명확한 가정과 추론을 이용하는 길밖에 없다고 믿었다. 앞서 언급한 후생경제학 기본정리의 '숨겨져 있는 불리한 조건' 몇 가지만 봐도 우리는 연역적이고 수학적인 방법의 순수성에 주어진 이러한 우선권이 실제로 경제학의 동인으로서 얼마나 큰 역할을 해왔는지 알 수 있다.

대부분의 사람들은 사회 복지의 기준에 사람들의 생존을 위한 기본적 필요를 충족시키는 것이나 지구 생태계를 파괴하지 않는 것 등의 내용이 포함되어야 한다고 생각할 것이다.

그러나 신고전주의 경제학의 세계에서는 이러한 내용을 고려하지 않는다. 경제학을 가능한 한 '객관적'이고 '가치 평가에서 자유로운' 것으로 유지하려는 욕망 때문에 경제학자들은 사회 복지에 대해 다소 기괴한 개념을 적용해 왔다. '가치 평가'로 인해 자신들의 '과학'이 오염될까 봐 두려웠던 그들은 주관적이라고 생각될 수 있는 어떠한 기준과도 마주하지 않으려 애쓰면서 정도를 벗어났던 것이다.

예를 들어, 신고전주의학파는 '필요'는 '과학적으로' '욕구'와 구분될 수 없다고 본다. 일례로 전 세계 많은 사람들이 치과 치료를 받지 않고도 잘 살아가고 있는데, 누가 치과 치료를 '필요'의 영역에 속한다고 할 수 있겠느냐는 것이다. 필요와 욕구 사이에 선을 그을 수 있는 '과학적'이고 '분명한' 방법이 없기에 신고전주의 경제학자들은 '필요'라는 개념을 완전히 배제한 채 버텨 왔다. 또한 환경 문제나 소비 패턴의 건전성, 혹은 소득 분배의 정의 등에 대한 고민들도 이러한 방식으로 관심의 영역에서 제외시켜 버렸다. 이것들 역시 때때로 사람들의 의견 불일치를 야기할 수 있는 문제였기 때문이다. 이와 더불어 기업의 복지 기여 효과나 미디어 광고 또는 식민 역사 등에 대한 의문, 부정확한 정보 전달과 부정직의 문제, 그리고 주의 깊은 사람이라면 경제 체제의 성과를 판단하는 데 중요하다고 생각할 만한 여타 많은 요소들이 판단에서 배제되었다.

결국 신고전주의 학파 모델에서 복지의 기준은 자원 이용의 효율성이라는 단일의 협소한 문제와 관계있는 것으로 격하되었다. 아마도 모든 사람들이 한정된 자원 속에서 최대한의 가치를 끌어내는 것(즉, 효율성을 추구하는 것)이 상대적으로 나은 것이라는 데에 동의할 것이다. 이를 토대로 경제학자들은 낭비를 최소화하는 것이 '객관적'이고 '과학적'인 토대 위에서 방어할 수 있는 유일한 보편적 가치라고 주장하게 되었다. 소위 후생경제학 정리라는 것은 그저 '완벽하게' 기능하는 자유 시장이 '효율적인' 결과를 이끌어낸다고 말한다. 시장이 복잡해지거나 혼잡해질 경우에 어떤 상황이 발생하는지와 같은 문제에 대해서나, 공평함과 건강, 생존, 지속가능성 등과 같은 현안들에 관해서는 아무 말도 하지 않는 것이다.

살펴본 바와 같이 이 모델은 본질적으로, '과학적'으로 정당화하거나 수학적으로 다룰 수 없는 모든 것을 배제한다. 신고전주의 경제학은 수학적 논법에 준거한 특정 종류의 '객관적'이고 '가치 평가에서 자유로운' 접근 방식을 만들어냄으로써 사실상 인간의 필요와 정의, 지속가능성에 대한 관심을

(생략이라는 방식을 통해) 평가절하한 것이다.

육체에 대한 무시

따라서 희한하게도, 이처럼 학계의 이론 경제학이 '경제인'과 그의 계산을 강조하는 방향으로 변화함에 따라, 인간의 육체를 위한 공급에 대한 원래의 강조는 점차 사라져 버렸다. 경제학에 입문할 때 나는 빈곤 문제와 관련된 지식을 찾을 수 있기를 바랐다. 하지만 대학원 시절에 내가 발견한 것은 기계 기반 은유에 대한 끝없는 수학적 정교화 작업밖에 없었다.

그렇다면 인간의 육체는 현대 자본주의 사회에서 실제로 어떠한 대접을 받고 있을까? 여러 증거들을 살펴보면, 자유 시장이 사회 복지를 가져온다는 개념에 많은 의문점이 존재함을 알 수 있다. 물론 자유 시장 경제 체제에서 많은 이익을 얻은 부유한 사람들은 이러한 체제를 장밋빛 안경을 통해 바라볼 것이다. 하지만 다른 한편에서는 세계보건기구(WHO)가 밝혔듯이, 전 세계에서 날마다 15,000명의 아이들이 영양 결핍과 관련된 질병으로 죽어가고 있다. 신문을 펼쳐보는 것만으로도 비인간적인 근로 기준과 극심한 환경오염, 이견을 가진 사람들에 대한 폭력 행사 등 세계적으로 심각해지고 있는 기업 세계의 폐해를 얼마든지 찾아볼 수 있다.

기업 감시 기관들은 다만 부가적인 설명을 제공할 뿐이다. 엔론(Enron)이나 월드콤(Worldcom)과 같은 대기업들의 부정행위는 직원들과 외부 투자자들의 은퇴 연금을 초토화하는 동시에, 기업 경영자들의 정직성에 대한 사람들의 신뢰를 뒤흔들어 놓았다. 2001년 미국 의회의 한 보고서는 거의 3분의 1에 해당하는 육아 기관들이 아동 학대 관련법 위반으로 기소되었다는 사실을 지적하고 있다(물론 이 가운데 많은 기관들이 큰 수익을 올리고 있었다.). 국제연합(UN) 산하의 정부간기후변화위원회(IPCC)와 여러 과학자들은 지구 온난화의 주원인을 화석 연료 기반의 경제 성장으로 지적하며 그 급박한 위험성을 경고하고 있다.

아마 최근의 역사에서 가장 극적인 사례는 공산주의가 붕괴된 후 러시아에서 일어난 일일 것이다. 많은 경제학자들은 국가 관리라는 '장애물'이 없어진 러시아 사회에서 자유 시장이 번창할 것으로 예상했다. 자본주의의 '자연력'과 '경제 법칙'이 풀려난 이상 '자동적으로' 애덤 스미스가 묘사한 장대한 시스템이 창출될 것으로 본 것이다. 하지만 모두가 알다시피, 그 대신에 러시아에서 우리가 목격하게 된 것은 혼란과 부패, 사기와 살인, 그리고 마지막으로 시장 조직보다는 범죄 조직에 더 가깝다고 할 수밖에 없는 경제뿐이었다. 빈곤과 알코올 중독의 비율이 증가하였으며, 남성들의 평균 수명은 58세까지 떨어졌다.

일이 이렇게 되자 이제는 심지어 경제학자들조차 제대로 기능하는 시장 체제는 이기심을 동력으로 삼는 기계 이상의 그 무엇일지도 모른다는 생각을 갖게 되었다. 몇몇 학자들은 이제 부를 창출하려면 경제가 윤리 규범과 사회적 의무에 주의를 기울이고 잘 설계된 인본주의적 제도를 창출할 필요성이 있다고 주장하기 시작했다.[9]

이 장에서 나는 뒤에서 다시 살펴보며 지지하거나 반박하게 될 여러 가지 문제들을 제기하였다. 하지만 일단은, 경제 기능의 기계적 이미지를 계속 주시하며 그것이 여타의 사회과학 분야에서는 어떤 과정을 거쳐 퍼져나갔는지, 또 대중들의 사고방식에는 어떻게 침투했는지 살펴보기로 하자.

2장

돈 없는 사랑

'비경제적 가치'들의 무모한 항변

만인에게 비인간적인 경제 기계

본격적인 경제학 전공 과정에 들어가기 전까지 나는 경제학이 우리가 스스로를 부양하고 삶을 유지하는 방식의 중요한 측면들에 얼마나 무관심한지 알지 못했다. 주류 경제학은 내가 집에서 어머니를 돌보면서 꾸려간 생활의 경제적 가치를 설명할 수 있는 어떠한 지적인 대답도 해주지 않았다. 나는 곧 경제학 수업에서 '적절한' 질문이란 수학과 그래프에 관한 것임을 알게 되었다. 인간관계와 인간적인 필요 사항들, 그리고 이것에 관한 적절한 윤리적 대응 방식들은 다른 분야로 넘겨졌다.

그래서 나는 기회가 있을 때마다 다른 분야들을 공부하기 시작했다. '분명 사회학, 심리학, 신학, 문학, 철학은 인간의 상호 의존성을 좀더 적절하게 다루고 있을 거야. 분명 그것들은 '경제인'과 기계적 시장의 이미지만으로 형성되어 있지는 않을 거야.' 이것이 내 생각이었다.

몇 가지 면에서는 나의 생각이 옳았다. 예를 들어, 인간 발달에 대한 심리학 분야를 살펴보면서 초기 교육 과정에 발생하는 일에 대한 다음과 같은 설명을 발견할 수 있었던 것이다.

> 아동 발달에 관한 연구에 따르면, 온화하고 적극적으로 반응하며 아이와 일대일 관계를 유지하는 유치원 교사들이 유치원 아동들의 학습에 긍정적인 영향을 미친다고 한다.⋯⋯ 미취학 아동들을 위한 '교과목'들은 모두가 연결되고 통합되어 하나의 전체를 이루며, 동시에 교습된다.⋯⋯ 두뇌 발달 연구에 의하면, 어떤 단계에서든 성공적인 교수법의 가장 강력한 요소는 관계를 형성하는 능력과 적극적으로 반응하는 능력이라고 한다.[1]

이 외에도 다른 많은 자료에서 인간관계와 반응성, 배려, 온화함 등에 대한 논의들을 찾아볼 수 있었다. 또한 윤리와 의미에 대한 논의, 그리고 어려움에 처한 사람들에 대한 관심을 발견할 수 있었다. 더욱 깊이 공부해 나감에 따라, 나는 자연계와 인간 간의 깊은 유대에 대한 인식, 인간이 생태 균형에 쉽게 영향을 받는다는 사실에 대한 인식 역시 발견할 수 있었다. 이러한 것들은 크리스마스 카드나 감사 카드에 담기는 감상적 생각의 예가 결코 아니다. 예를 들어, 위에 소개한 아동 발달에 관한 글은 실제로 진행된 신경 과학 연구를 토대로 작성된 것이다. 이처럼 다른 분야에서는 때로 실질적인 인간의 감정과 인간관계, 인간 상호간의 의존성 등이 학문적 연구의 유효한 주제로 다뤄지고 있는 것이다.

그렇지만 나는 놀라지 않을 수 없었다. 자신의 분야에서 배려와 인간관계에 대해 그렇게 논리정연하게 말하던 사람들조차도 주제가 경제학으로 바뀌면 종종 애덤 스미스와 존 스튜어트 밀, 신고전주의 경제학자들에게 완전히 동의하는 행태를 보였기 때문이다. 이들은 어떤 상황에서는 분명 사람들이 도덕적이고 서로를 배려할 수 있는 존재이며 또 마땅히 그래야 한다고 생각한다. 하지만 그 주제가 경제생활에 이르면 이들은 곧바로 인간이란 경제 법칙 앞에서 무력하며 따라서 어쩔 수없이 이기적 계산기가 될 수밖에 없다는 생각을 따른다. 이들은 또한 시장과 영리 기업들이 기능하는 영역은 책임감과 동정심 등의 가치들, 즉 우리 생활의 또 다른 부분에서 요구되는 가치들이 적용되지 않는 공간이라는 점에 동의한다.

시장이 이기심에 의해 움직이는 기계라는 생각에 전혀 의문을 품지 않는 것이다.

예를 들어보자. 앞서 밝혔듯이 나는 여러 종교 윤리학자들의 저서와 주장을 조사하는 학문적 '외도'의 길을 걸은 바 있다. 유럽의 주요 기독교 윤리학자 가운데 한 명인 성공회 목사 존 애서튼(John Atherton)은 윤리학자라고 해도 '비교적 자율적인 경제학 세계의 현실'을 구성하는 '메커니즘 및 시스템'에 대해서는 경제학자들의 지식을 따를 필요가 있다고 주장한다.[2] 이는 곧, 경제는 계속해서 그 나름의 '타당한' 경계들을 따르도록 놔두어야 한다는 의미다. 대부분의 윤리학자들과 관련 종교인들이 할 수 있는 일이라고는 그러한 사실에 입각해 경제 기계의 가장 심각한 해악과 부정행위 가운데 일부를 구제하려고 노력하는 것뿐이다. 이런 식으로 해석하면 윤리학은 일종의 뒷수습을 하는 셈이다.

이 같은 생각은 보다 공공연한 비판적 논의에서도 명백히 드러난다. 데이비드 코튼(David Korten)은 인기 있는 자신의 저서 『기업이 세계를 지배할 때(When Corporations Rule the World)』를 통해, 수천 명의 독자들로 하여금 기업을 "인간의 통제권에서 한참 벗어난, 심각하게 부패한 국제 경제 체제의 일부"로, 비인간적인 '이질적 존재' 혹은 '기계'로 간주하도록 독려했다. 또한 페미니스트 정치 이론가인 낸시 프레이저(Nancy Fraser)는 문화 및 가치관과 동떨어진 채 '나름의 논리를 따르는 비교적 자율적인 시장'에 관해 저술한 바 있다. 불교학자들도 이 같은 선례를 따라왔다. 데이비드 로이(David Loy)는 경제를 탐욕에서 추진력을 얻는 '엔진'으로 묘사했으며, 켄 존스(Ken Jones)는 자본주의를 '시장 논리'에 의해 움직이는 구조 혹은 체제로 묘사하며 이것이 '분해되어야' 한다고 썼다.

유명한 소설가이자 환경주의 수필가인 바버라 킹솔버(Barbara Kingsolver)는 타고난 은유 능력을 이용하여 상업을 '그 자신에게 연료를 공급하는 것 외에는 아무런 목적도 갖고 있지 않은 엔진에 불과한 것'으로 묘사하고 있다. 철학자 버지니아 헬드(Virginia Held)는 인간 고유의 가치(이를테면 양육)를 제공하는 재화와 용역도 기업을 통해 제공되면 (당연히 기업의 추진력은 이윤 추구 욕구이기 때문에) '상품화' 될 수밖에 없다고 우려하는 수많은 인본주의자 및 사회과학자 부류들 가운데 한 명이다. 역사가이자 지역 사회 중심의 발전을 옹호하는 가르 알페로비츠(Gar Alperovits)는 '자본주의 체제의 내재적인 논리와 역학'이 생태학적 측면에서 지속불가능한 성과를 초래했다는 점에서 비난받아 마땅하다고 쓰고 있다.[3] 이

밖에도 관련 사례들을 끝없이 제시할 수 있지만 이 정도만으로도 충분할 듯하다.

현대의 시장 비판적 관점

이렇게 시장이나 기업, 자본주의를 비판하는 사람들은, 시장 체제가 경쟁 시장의 힘의 논리에 묶여 있으며 이기심을 에너지원으로 사용하는 메커니즘이라는 관점을 받아들인다. 그들이 하고자 하는 일은 그들이 '경제적' 가치 혹은 '시장' 가치라고 일컫는 요소들에 대항하여 인간의 삶에서 중요한 측면들을 지켜내는 것이다.

이러한 주장에 동의하는 사람이라면 대개 아래 '목록 3'의 가치들을 가장 우선시할 것이다.

목록 3
- 심미적·도덕적·정신적 발전
- 건전한 감정으로 서로를 존중하는 인간관계 창조
- 약자와 빈곤층에 대한 관심과 배려
- 생태계의 균형과 지속가능성

다시 말해서, 이러한 시장 비판가들은 삶에 의미를 부여하는 모든 것에 관심을 갖는다. 인간관계와 감정, 실질적인 의사소통에 관심을 쏟으며, 독립적인 '행위자'나 '시민' 뿐 아니라 약자와 빈곤층, 노인, 환자, 어린이에 대해서도 염려한다. 예를 들어, 미취학 아동 교육의 필요성에 대한 설명에서조차 위의 목록 가운데 처음 세 개 항목을 직접적으로 이용한다. 인간관계에 대한 관심은 종종 인간과 자연과의 상호 관계 문제로까지 확대되어 환경에 대한 염려로 이어지기도 한다.

이러한 가치들을 배제하기는 힘들다. 사실, 이것들은 매우 중요한 가치들이라고 할 수 있다. 극도로 완고하고 천박하며 잔악한 사람이 아닌 이상, 이러한 가치들이 의미 있는 삶을 창조하는 데 전혀 중요하지 않다고 말할 수는 없을 것이다. 『크리스마스 캐럴(A Christmas Carol)』에 등장하는 스크루지 영감은 앞에 열거한 처음 세 가지 가치들과 관련된 전통적인 교훈을 되새겨주는 인물이다. 생태계 균형에 대한 인식은 1960년대만 해도 부차적인 개념에 불과했지만 이제는 지구 온난화 문제와 더불어 점점 더 대중의 관심을 끌면서 무엇보다 중요한 문제로 부각되고 있다.

시장 비판가들의 관점과 관련하여 결국 문제가 되는 부분은 이러한 가치들이 종종 기계적인 경제생활 모형과 반대되는 개념으로 규정된다는 사실이다. 그들은 대개 '목록 4'의 항목들을 '경제적 가치'로 간주한다.

목록 4
* 단기 이익에 대한 배타적 치중
* 억압적이고 소원한 노사 관계 형성
* 탐욕과 이기심
* 성장과 소비지상주의에 대한 집착

'목록 3'과 '목록 4'의 항목들을 각각 서로 상반되는 것들끼리 짝지어 보면, 이윤에 관심을 쏟는 사람은 결코 도덕적 가치에는 관심을 가질 수 없다는 결론이 도출된다. 당신이 고용주라면 자본주의의 본질적인 역학 때문에 피고용인들과 건전한 감정을 갖고 서로를 존중하는 관계를 형성하는 일이 불가능해진다. 돈에 관심이 있다면 탐욕스럽고 이기적이며 약자와 빈곤층을 전혀 배려하지 않는 사람이 될 수밖에 없다. '목록 3'을 우선시하는 사람들은 스스로를 영성과 도덕성, 대의 등의 '보다 숭고한 가치'들을 독려하는 존재로 생각하는 경향이 있다. 그들은 대개 물질주의나 돈처럼 '저급한 가치'에 관심을 쏟는 사람들의 관점을 경멸한다. 또 기업과 돈, 이윤 등을 긍정적으로 생각하는 사람들을 이기적인 사람으로, 혹은 기껏해야 유혹에 빠진 안타까운 사람으로 치부하는 경향이 있다.

이러한 사고방식은 반시장주의자들과 친기업 옹호자들 사이에 양적으로든 질적으로든 바람직한 대화의 토대를 만들어 내지 못한다. 사실, 반시장주의자들이 제안하는 변화의 규칙들은 '경제 기계 격퇴'에 초점이 맞춰져 있다. 그들의 주요 해결책 세 가지는 '작은 것이 아름답다', '정부 구제', '영역 분리'이다(대다수 시장 비판가들은 이 요소들의 일정한 결합을 더욱 선호한다.).

작은 것이 아름답다

이원론적인 사고방식을 변형하여 높은 인기를 끌고 있는 이 관점은 우리의 현 경제 체제를 본질적으로 부도덕한 것(악) 혹은 초도덕적인 것(도덕성을 전혀 고려하지 않는 것)으로 간주한다. '작은 것이 아름답다'라는 관점을 옹호하는 사람들은 우리의 체제를 현재와 대조되는, 즉 본질적으로 도덕적이라고 간주되는 체제로 교체해야 한다고 주장한다. 현 체제는 경쟁을 특징으로 한다. 따라서 새로운 체제는 협력을 운영의 모태로 삼아야 한다. 현 경제 구조는 대기업들에게 많은 힘을 실어주고 있으므로 소규모의 지역 사회 중심 경제로 전환할 필요가 있다. 현 경제는 이윤에 의해 움직이고 있으며, 따라서 이를 인간의 필요에 따라 운영되는 경제로 대체해야 한다. 이러한 개념을 옹호하는 사람들은 비영리 지역 사회 사업을 지향하는, 대대적인 '체제적' 혹은 '구조적' 변화를 원한다. 현재 가장 잘 알려진 사례로는 데이비드 코튼의 이상향인 '지역 중심 경제'와 허먼 댈리(Herman Daly)와 존 코브(John Cobb)의 '공익성 경제'를 들 수 있다.[4]

정부 구제

그러나 '작은 것이 아름답다'는 너무 급진적인 변화를 요구한다. 나는 이러한 개념이 종종 좀더 실용적으로 보이는 이른바 '정부 구제'와도 연관될 수 있다는 점을 발견했다. 수많은 비판가들은, 진정으로 대안이 될 수 있는 구조로 교체해 나가되, 영리 기업들과 다국적 대기업들이 계속해서 기능하도록 허용하는 것도 바람직할 수 있다는 관점을 수용하고 있다. 단, 공익을 중시하는 정부가 엄격하게 통제하는 한 말이다.

예를 들어, 경제 저술가 마저리 켈리(Marjorie Kelly)는 기업이 의사결정 과정에 피고용인들을 참여시키고 공공의 이익을 책임지도록 정부에서 정관(定款)을 개정해야 한다고 주장한다.[5] 이를 주장하는 사람들은 기업들이 사회와 환경에 좀더 바람직한 방향으로 행동하게 하기 위해 무수히 많은 정부 규제들을 제안하고 있다. 혹은 현재 민간 분야에서 맡고 있는 중요한 경제 활동들을 공익을 위해 운영되도록 정부에 맡겨야 한다고 제안하기도 한다.

영역 분리

이것은 시장이 부도덕한 메커니즘이라는 관점을 또 다르게 변형한 관점으로, 시장에 대해 좀더 호의적인 입장을 견지한다. '영역 분리'를 옹호하는 사람들은 경제의 특정 부분은 다소 안전하게 '시장의 가치'들에 맡겨도 된다고 주장한다. 이를테면 초도덕적이고 기계적인 시장은 효율성을 극도로 중시하는 영역들(소비재 공급 등) 안에서 돌아가도록 허용해도 된다는 얘기다.

그러나 일부 경제적 공급 영역들은 이윤 중심 가치들에 오염되지 않도록 좀더 높은 기준으로 유지되어야 한다. 앞에서도 언급했듯이, 보건과 교육, 육아 등은 상업화로부터 보호해야 할 영역으로 간주된다. 이렇듯 일부 부문들은 비교적 자유롭게 굴러가는 자본주의에 남겨두고 보호해야 할 영역에서는 공공 기업('정부 구제')이나 비영리 조직, 지역 사회 조직('작은 것이 아름답다')들만 작용하도록 하는 영역 분리 경제를 제안하는 것이다.[6]

철장의 기원

친기업 관점은 신고전주의 경제학 이론의 지지를 받고 있는 반면, 시장 비판적 관점은 사회학과 철학의 지지를 얻고 있다. 저명한 사회학자 막스 베버(Max Weber)는 경제생활을 기계에 비유한 관점을 적극적으로 채택하여 이를 토대로 이제는 유명해진 변형 이미지를 창출했다. 그는 자신의 저서에 다음과 같이 썼다.

> 경제의 질서는 오늘날 그 메커니즘 속에 존재하는 모든 개인들의 삶을 결정하는 기계적 생산의 기술적·경제적 조건에 묶여 있으며······(어떤 저자의 관점에 따르면) 외부재(external goods)에 대한 관리는 오직 성자의 어깨에 가벼운 망토처럼 놓여야 하지만······그 망토는 철장(Iron Cage)이 되어야 할 운명이었다.[7]

산업 자본주의 제도에서의 생활이 일종의 '철장'이 되었다는 생각은 막대한 무게감을 갖고 퍼져 나갔다.

비판이론가인 위르겐 하버마스(Jürgen Habermas)는 카를 마르크스(Karl Marx)와 베버 등을 비롯한 이전 세대의 연구를 활용하여 1920년대 후반에 그 역할을 이어받았다. 그는 자신이 '생활세계(life world)'라 일컫는 것과 '시스템'이라 일컫는 것을 명확히 구분했다. '생활세계'는 도덕과 미학, 의식적 행동의 영역이다. 그가 주장하는 바에 따르면, 사람들은 정체성과 인성의 구성 요소 및 의미가 풍부하게 존재하는 가정과 이웃에서, 그리고 민주적 대중 참여를 통해 자유와 책임을 연습한다.

반면, 자본주의 경제는 베버의 '철장' 이론이나 마르크스가 주장한 본질적인 자본 집적의 역학에서도 알 수 있듯이, 모든 것을 객관화하는 비정한 힘에 의해 돌아가는 '시스템'의 일부이다. 하버마스의 이론에 따르면, 시장 경제는 사람들에 의해 조직된다기보다는 돈이라는 '매개체'에 의해 '조종'된다. 하버마스도 마르크스와 마찬가지로, 자본주의 기업에서 함께 일하는 사람들 간의 관계는 본질적으로 소원할 수밖에 없으며, 이러한 관계는 인간적인 면을 앗아갈 뿐만 아니라 오직 돈과 권력이라는 매개체를 통해서만 관리할 수 있다고

믿는다.[8]

하버마스의 관점에서 보면, 경제는 나름의 '본질적인 시스템적 특성'과 '추진 메커니즘'을 가진 자율적인 영역으로서, 인간의 규범 및 인격과는 무관하게 기능한다. 그러나 그는 그 시스템이 그리 나쁘지만은 않다고 믿는다. 사실상 그것은 복잡하면서도 효율적인 재화의 공급 방식인 것이다. 하버마스가 위험하다고 여긴 것은 경제 체제에 적합한 사고방식과 매개체가 그 '저항할 수 없는 내적 역학' 때문에 불가피하게 생활세계에까지 침투한다는 점이다. 그는 이것을 생활세계의 '식민지화'라고 불렀다. 이러한 '식민지화'는 자유와 의미, 윤리를 파괴하여 삶을 '기술적'이고 '탈규범적'인 것으로 만든다. 따라서 그는 이해관계나 금전적인 것들이 조금이라도 생활세계에 침입하지 못하도록 막아야 한다고 주장했다.

'영역 분리' 옹호자들은 이 영향력 있는 사상가의 연구 속에서 자신의 입장을 방어할 수단을 찾을 수 있다. 하버마스는 마르크스의 개념 일부를 차용했기 때문에 이러한 입장은 종종 '좌파적' 혹은 '비판적'인 것으로 간주되기도 한다. 분명히 어떤 면에서 보면 이러한 관점은 애덤 스미스의 관점과는 다소 거리가 있는 것처럼 보인다. 애덤 스미스는 조화와 부가 경제 체제에서 나왔다고 믿고 그 두 가지를 강조한 반면, 하버마스는 경제생활이 비인간화를 통해 우리를 어떻게 위협하고 있는지를 강조한다. 그러나 하버마스 자신도 명백히 언급했듯이, 그의 경제 기계 이미지는 바로 애덤 스미스로부터 나온 것이다. 그는 스미스를 시스템 이론의 창시자로 인정했다.[9] 지식의 역사 측면에서 보면, 시장 비판 이론의 기원은 앞 장에서 설명한 친기업 관점의 기원과 정확히 일치한다.

대중의 삶에서든 학문적 사상에서든 도덕과 배려의 세계가 기업 세계와 확연히 구분된다는 생각에는 한 가지 흥미로운 '성별 구분' 측면이 존재했다. 빅토리아 시대에 중산층 여성들은 가정의 통치 수단으로 여겨지던 도덕과 배려의 수호자로 간주되었다. 반면, 남성은 천성적으로 비교적 도덕성이 떨어지며, 따라서 저돌적인 경쟁적 기업 세계를 맡는 것이 적합하다고 여겨졌다.

사회학자 알리 혹스차일드(Arlie Hochschild)는 최근에 출간된 책에서 이러한 이데올로기를 다음과 같이 요약했다. "남성들은 시장 세계에 참여하고 여성들은 그 밖에 머물러 있던 19세기 중반에는 여성 주부들이 자본주의에 도덕적 제동을 거는 존재였다."[10] 그러나 혹스차일드는 이러한 사회적 구분을 일종의 이데올로기로 제시하기보다는 하나의 사실로서 제시하고 있다.

실상, 사회를 두 가지 영역, 즉 한쪽은 거칠고 비인간적이고 남성적이며 본질적으로 불안정한 물질주의와 자본주의 세계로, 또 다른 한쪽은 윤리와 보살핌을 담당하며 신뢰성 높고 돈을 중시하지 않는 가족과 공동체 관계의 영역으로 분리하는 것은 꽤 보편적인 생각이다. 때때로 이러한 사상가들은 자본주의의 침입을 막는 일 혹은 보다 부드럽고 여성적이며 작은 것이 아름답다는 관점을 지향하는 숭고한 경제 체제로의 전향을 주도하는 일이 이제 '여성에게 달려 있다'고 믿는다.

베버, 마르크스, 하버마스의 말을 노골적으로 인용한 것이든 빅토리아 시대의 이데올로기든, 자본주의가 본질적으로 합리적인 윤리적 가치들과는 상충한다는 이러한 생각들은 시장 비판가들의 논쟁을 뜨겁게 달구고 있다.

시장 비판적 처방의 문제점

앞 장 끝부분에서 나는 사회적 병폐의 치료를 위한 자유 시장적인 친기업적 처방의 타당성에 의문을 제기하고, 이에 대한 증거로 빈곤과 기업의 악습을 제시했다. 그렇다면 시장 비판가들이 제시한 '작은 것이 아름답다', '정부 구제', '영역 분리' 등의 처방은 좀더 희망찬 기반을 제공하는가?

'작은 것이 아름답다' 처방은 당연히 어느 정도는 타당하다고 볼 수 있다. 관련 조직이 복잡해지고 규모가 커질수록 윤리적으로 행동하는 일이 힘들어지는 것은 사실이기 때문이다.

마찬가지로 '정부 구제' 옹호자들의 논리 또한 부분적으로는 타당하다. 모든 기업이 옳은 일을 행하도록 공적인 압박이 가해진다면 아무리 작은 기업이라도 옳은 일을 행할 가능성이 높아질 수밖에 없으니 말이다. 정부의 규제는 그러한 압박을 가하기에 적합한 수단이 될 수 있다. 좀더 나아가 지구의 기후 변화 문제를 예로 들어보면, 국제 사회의 공공 협약이 유일한 희망이 될 수밖에 없다. 이런 문제들은 어느 한 기업은 고사하고 한 국가가 떠맡기에도 너무 버겁기 때문이다.

또 '영역 분리' 해법에도 어느 정도의 타당성은 존재한다. 개인의 해법 혹은 시장의 해법으로는 해결되지 않는 사회 복지 문제들도 있기 때문이다. 가난한 사람들, 병든 사람들, 혹은 여타 소외 계층에 대한 보살핌을 오로지 시장을 토대로 제공할 수는 없다. 이를 위한 기금은 서비스 '소비자' 이외의 출처에서 나와야 한다. 따라서 공공 혹은 민간 비영리 자금 할당이 필수적이다.

이렇듯 시장 비판가들이 높게 평가하는 가치들은 바람직한 것들이며 그에 대한 처방 또한 어느 정도는 타당하다. 그러나 현실성과 효율성에 준하여 생각해 보면 이러한 해법들에도 한계가 있음을 알 수 있다. 때로 그것들은 오히려 해를 초래하기도 한다.

첫 번째 문제는, 이러한 관점들은 시장 영역이 오직 이기심에 '의해서만' 움직이며, 한 술 더 떠서 이기심이 시장 영역에만 존재한다고 가정한다는 사실이다. 이러한 관점을 지지하는 사람들은 종종, 소규모 조직이나 비영리 기관, 혹은 정부 기관 등은 결코 이기적인 동기에 의해 움직이는 집단이 아니라고 가정하는 듯하다. 우리는 이에 반하는 증거를 살펴볼 필요가 있다.

예를 들어, 가정은 (빅토리아 시대의 이미지에서처럼) 애정 어린 관심과 친밀감에 의해 운영되어야 하는 매우 작은 규모의 비영리 집단이다. 그러나 우리는 매일 신문을 보면서 가정에서도 지배나 학대, 심지어 폭력 문제까지 발생할 수 있음을 깨닫는다.

지역 사회 집단을 조직하는 일은 사람들을 모아서 사회의 관심사를 논의하고 활동의 기회를 창출하는 훌륭한 수단이 된다. 예를 들어, 1970년대 보스턴 남부에서는 대대적인 지역

시위가 조직되어 해당 지역 공립학교들의 인종 통합 정책에 효과적으로 맞서 싸울 수 있었다. 그러나 지역 사회 집단들은 때로는 이와 유사한 방식으로 인종 차별적 의제를 실행하기도 한다. 또 지역 이기주의 때문에 지역 사회의 활동가들이 원하지 않는 프로젝트들을 다른 지역에 떠넘기려 하는 일도 드물지 않게 일어난다. 지역 사회도 개인과 똑같이 전적으로 이기적으로 행동할 수 있다는 얘기다.

비영리 기관이나 종교 단체는 영리 이외의 목적으로 사람들을 모을 수 있다. 예를 들어 가톨릭교회 보스턴 관구는 법적으로 영리 활동이 허용되지 않는다. 그렇지만 이 관구에서는 가톨릭 고유의 계급 제도와 명성을 유지하려는 이기심의 발로로, 교구에서 아이들을 성추행한 신부들을 조용히 다른 교구로 보내기도 했다. 해당 신부가 새로운 교구에서 새로운 아이들을 성추행할 가능성을 방치한 채 말이다. 비영리 기관이라고 해서 (겉으로 보기에는 도덕적·영적 가치들을 유지하려 노력한다 해도) 악에 오염되지 않는 것은 아니다.

의혹투성이의 선거와 선거 자금 오용, 그리고 강력한 로비스트들이 뒤엉켜 있는 시대에는 극도로 순진한 사람을 제외하고는 누구도 정부가 자동적으로 혹은 본질적으로 공익을 위해 일하리라고 믿지 않을 것이다.

나는 그래서 소규모 지역 사회 집단이나 비영리 기관, 혹은 정부가 '공익을 위한' 경제 활동을 떠맡아야 한다는 호소가 진정한 신이 아닌 '기계신(deus ex machina)'에 의존하자는 해법처럼 들린다. 적절히 효과를 발휘하기만 한다면 더할 나위 없이 좋을 것이다. 그러나 비판가들이 시장의 원동력이라고 여기는 이기적인 동기들이 가정이나 지역 사회 조직, 비영리 기관, 정부에서는 나타나지 않으리라는 것을 어떻게 보장할 수 있단 말인가?

이러한 관점의 두 번째 문제는 어느 순간에 이르면 시장 비판가들이 스스로 주장하던 고결한 추진력을 더 이상 지지할 수 없게 된다는 사실이다. 돈과 권력은 탐욕이나 억압과 연관되므로 본질적으로 도덕적 의심을 유발할 수밖에 없다. 돈과 권력을 갖고 있는 사람들, 예컨대 (기회만 닿으면) 기꺼이 윤리적 논의에 참여할 수도 있는 기업 경영자들은 통상 도덕적인 '우리'와 완전히 동떨어진 악한 '그들'로 명명된다. 그럼으로써 잠재적인 동맹과 힘의 기반들까지 사라져 버리고 만다.

나는 돈과 권력을 혐오하는 성향이 오히려 어린이들과 노약자들에게 실질적인 보살핌을 제공하는 경제 영역에 해를 입혀 왔다고 생각한다. 다음과 같은 포스터 문구를 기억하는

가? "학교는 필요한 자금을 충분히 보유한 반면 공군은 바자회를 열어 폭격기를 사야 하는 날이 온다면 그것은 최고의 시대가 될 것이다." 맞는 얘기다. 그러나 반(反)배금주의 이데올로기는 오히려, 위의 포스터 문구를 통해 비방하는 현재의 복지 서비스를 개선하려면 학교의 바자회와 푼돈에 연연하는 사고방식을 실천해야 하는 현실을 강화해 줄 뿐이다. 이러한 태도가 구체적으로 복지 서비스에 어떤 해를 입혔는지에 대해서는 돈과 동기부여를 다루는 4장에서 좀더 자세히 살펴보겠다.

세 번째 문제는, 시장 비판가들의 처방은 일단 적절히 시행되기만 하며 매우 유용할 수 있지만 적절히 시행되기까지의 과정이 난제로 남는다는 사실이다. 미국을 비롯한 전 세계의 여러 제도권에 밀어닥치고 있는 거대한 친시장 물결은 현실 극복이 그리 만만치 않은 상황임을 여실히 보여준다.

'작은 것이 아름답다'라는 관점에서 보면, 우리는 인간적인 경제생활을 누리기 위해 경제 조직의 형태를 띤 거대 기업을 철저히 파괴하는 등의 방식으로 대규모 경제 구조조정을 감행해야 한다. 그렇게 되면 산업혁명과 공산주의의 부흥 및 붕괴를 합친 것보다 훨씬 더 큰 변화가 찾아올 것이다.

한편, 오직 공익만을 생각하는 강력한 간섭주의 정부가 등장하여 구제해 주기를 원한다면 현재의 정치 상황을 고려할 때 아주 오랜 시간을 기다려야 할 듯하다. 시장 비판가들이 정확히 파악했듯이, 돈과 권력을 지닌 사람들로부터 통제력을 빼내려 한다면 매 단계마다 바로 돈과 권력을 지닌 사람들의 제지를 받을 것이다.

  가망 없는 십자군 전쟁을 홀로 선포하고 풍차로 돌진한 돈키호테처럼 경제 기계로 돌진하는 것을 즐기는 사람들도 있다. 사실 나는 역경을 딛고 소중하며 고귀한 가치들을 고수하려는 사람들의 정신을 높이 사는 바이다. 그러나 시장 비판가들이 제안한 미래, 유토피아와 종말론적 사조 사이를 오가는 전망들이 유일한 해결책이 아니라면 어떻게 하겠는가? 안타깝지만 시장 비판가들이 바람직한 가치들을 경제의 본질에 관한 틀린 '사실'들에 결합한 탓에 이들이 제안한 해법들이 만족스러운 결과를 내지 못한다면 어떻게 하겠는가?

3장
고동치는 심장

분리된 육체와 영혼의 결합

마초들의 경제학

이제 윤리학과 경제학에 대해 진정으로 참신히고 유용한 생각들을 펼쳐 보일 기회가 왔다. 경제가 기계라는 관점을 믿어야 하는가? 이기심이 경제의 유일한 '천연' 에너지원이라는 관점을 믿어야 하는가?

이러한 이미지는 우리에게 너무 익숙할 뿐만 아니라 수세기 동안 메커니즘으로서의 과학이라는 개념에 너무도 단단히 묶여 있었기 때문에, 그것을 배제하면 경제적 지식이 어떤 모습을 띠게 될지 생각하기도 힘들 것이다. 경제의 본질에 관한 이 '확고한' 이미지를 버리는 일이 위협적으로 느껴질 수도 있다. 특히 경제를 연구하는 사람들은, 뉴턴의 물리학에 근거한 수학 도구들이 제공하는 '엄격성'과 '정확성'을 벗어나면 앞에서 언급한 '비현실적인 사고'의 늪에 빠질 수도 있다고 생각한다.

그러나 경제학 공부를 시작할 때 내겐 한 가지 유리한 점이 있었다. 바로 경제학에 '부적절한' 성별을 타고났다는 점이다. 경제학은 역사적으로 남성들이 지배해 온 분야이다. 1980년에 내가 대학원에 들어갔을 당시, 경제학 박사 학위를 받은 사람들 가운데 여성은 12퍼센트에 불과했다. 신입생 35명 가운데 여학생은 나를 포함하여 4명뿐인 현실에서 나는 경제학 석사 과정에 뛰어들었다. 나는 이런 상황이 퍽 기이하다고 생각했지만, 남자 동기들은 그리 이상하게 여기지 않는 듯했다. 물고기는 자신이 물속에 살고 있음을 모르는 법이다.

나는 석사 과정에서 요구하는 끝없는 수학 문제들을 풀기 위해 열심히 노력했지만, 그러면서도 한편으로는 보다 미묘한 학습 주제를 유념하고 있었다. 그것은 바로 경제학의 내적 가치 체계였다. 나는 무엇을 존중하라고 배우는가? 또 무엇을 무시하라고 배우는가? 1장에서도 말했듯이, 수학적 정교함은 반박의 여지가 없을 정도로 높이 존중받고 있었으며, 그러한 가치 때문에 다른 것들은 멸시를 당하고 있었다. 예를 들어, 우리는 '글자'로만 이뤄진 자료를 읽는 일이 드물었다.

그리스 문자와 수학 기호가 포함되지 않으면 증거가 불충분한 것으로 치부했다.

경제적 동인들은 자율적이고 합리적이며 이기심에 근거를 둔 것으로 간주하는 반면, 인간적인 필요 사항이나 상호 의존, 정서, 배려 등의 주제는 부정확하고 감정적인 것으로 간주하여 논의의 대상으로 치지 않았다. 나는 점점, 경제학은 우리가 먹고 사는 방식을 연구하는 편견 없는 학문이 아니라, 사실은 편향된 믿음만을 토대로 구축된 학문이라는 사실을 분명하게 깨닫기 시작했다. 당시에 내가 느낀 경제학의 저류(底流)를 대강 요약해 보면 다음과 같다.

'우리'는 정밀하고 과학적이다. 우리는 사람들이 대체로 이기적이며 계산적이라고 가정한다. 우리는 사람들이 자율적이고 독립적이며 합리적이라고 간주한다. 우리는 정확한 수학을 사용한다. 우리는 시장을 연구하고, 때로는 산업과 정부를 연구하기도 한다. 우리는 메커니즘을 설명한다.	'우리'는 인본주의자도 아니고 감정을 과도하게 드러내지도 않는다. 우리는 사람들이 서로를 염려한다는 감정적인 가정은 하지 않는다. 우리는 사람들이 서로 연결되어 있다거나 서로에게 의존한다거나 감정적일 수 있다는 생각을 거부한다. 우리는 애매한 언어적 주장을 하지 않는다. 우리는 가족생활을 연구하지 않는다. 우리는 인간관계나 윤리를 다루지 않는다.

| '우리는 마초적인 남성들이다.' | '우리는 저급한 사회학자나 인본주의자처럼 유연하고 여성적인 학자들이 아니다.' |

 당연한 얘기겠지만 이것들을 뒷받침하는 모종의 합당한 근거가 있다고 한다면 좀더 쉽게 이해할 수 있을 것이다. 나는 경제학은 실제로 남성적이고 합리적인 것이며, 상호의존적 가정에서 자란 나 같은 여자의 경험은 경제와는 무관한 것이라고 결론지을 수도 있었다. 스미스 시대 이후로 줄곧 경제학 분야를 지배해온, 이른바 '분할적 관점'을 수용할 수도 있었다. 또 경제를 이기적이고 계산적이며 남성적인 것으로, '비경제적' 생활을 보살핌을 전제로 하는 윤리적이고 여성적인 것으로 간주하는 빅토리아 시대의 사고방식을 수용할 수도 있었다.
 그러나 나는 무언가가 잘못됐다는 느낌을 받았다. 먼저, 남성이 여성에 비해 태생적으로 도덕성이 떨어진다는 믿음은 남성들에게 일종의 모욕이 된다고 생각했으며, 남성에게 감정적인 생활이 없다는 것도 믿기 힘들었다. 또 나는 합리성이 Y 염색체에만 존재하는 것은 아니며 여성들도 이기심에 따라 행동할 수 있음을 경험을 통해 알고 있었다. 여자로서 나는 전통적으로 여성과 연관되어온 일의 영역과 특성이 경제학에

의해 그토록 훼손되고 무시당하는 것이 이상하고 부당하다고 생각했다. 그래서 나는 기계 은유 전반에 대해 의문을 가져 보기로 했다.

다음과 같은 이의를 제기하는 사람도 있을 것이다. "하지만 경제는 정말 기계적인 것입니다. '기계 은유'라니요. 경제를 기계에 비유하는 것이 마치 화려한 미사여구인 것처럼 얘기하는데, 사실 그것은 이 세상의 근원적 구조를 반영하는 것입니다."

나는 이러한 이의에 대해 세 단계로 답할 것이다. 첫째, 언어철학과 과학을 이용하여 은유의 기능 방식과 그것이 과학적 사고에서 그토록 중요한 이유를 제시할 것이다. 이것이 이 장 첫 부분의 주제이다. 둘째, 경제가 기계라는 생각의 은유적 특성이 명확히 밝혀지면, 이것이 진정으로 '유용한' 은유인지 여부를 파헤칠 것이다. 그런 다음 이러한 은유만을 고집하는 것이 얼마나 파괴적인 힘을 갖는지 보여주고 대안이 되는 은유를 제시할 것이다. 셋째, 사실적인 정보를 활용하여 경제생활에 대한 일반적인 오해 몇 가지를 해소할 것이다. 이 세 번째 단계는 4장과 5장에서 다룰 것이며, 여기에서 경제학을 움직이는 '동력'과 '메커니즘'에 대한 일반적인 믿음 가운데 다수가 크게 과장되었거나 거짓이라는 사실을 입증할 것이다.

과학과 은유

일반적인 의미의 과학은 최대한 편견과 선입관을 배제한, 지속적이고 체계적인 탐구에 관한 것이다. 토머스 쿤(Thomas Kuhn)과 같은 과학 사가들은 과학의 진보가 종종 '패러다임의 전환'을 수반해 왔음을 입증했다. 이는 곧 과학자들이 (어느 정도는) 수용된 지식의 배경을 연구하는 경향이 있음을 의미한다. 그러나 그들은 기존의 일반적인 관점에 부합하지 않는 증거들이 축적되면서 주기적으로 자신의 관점을 완전히 바꿔야 하는 상황에 처한다.[1]

통상적으로 은유는 일반적인 세계관이나 이해가 표현되는 방식을 의미한다. 『삶으로서의 은유(Metaphors We Live By)』를 공저한 언어학자 조지 레이코프(George Lakoff)와 철학자 마크 존슨(Mark Johnson)은, "은유의 본질은 어떤 하나의 사물을 다른 사물에 빗대어 이해하고 경험하는 것이다."라고 주장한다. 이들을 비롯하여 인지학과 철학, 수사학, 언어학 등의 분야에서 활동하는 현대의 수많은 연구자들에 따르면, 은유는 단순히 언어에 화려한 무엇을 덧붙이는 것이 아니다. 그보다는 우리가 세상을 이해하고 각자의 이해를 서로에게 전달하는 기본적인 방식이다.

레이코프와 존슨은 우리의 언어가 기본적인 물리적 경험을 토대로 추상적인 개념들을 은유하는 방식에 대해 많은 예를 제시한다. 예를 들어, '위와 아래'에 대한 우리의 인식은 "선은 위, 악은 아래", "이성은 위, 감정은 아래", "통제는 위, 복종은 아래", "높은 지위는 위, 낮은 지위는 아래"라는 생각의 토대를 형성한다. "논쟁은 전쟁이다."(이기다, 지다, 방어하다, 공격하다 등의 표현을 생각해 보라.), 혹은 "논쟁은 하나의 건물이다."(토대, 뼈대, 구조, 지지대, 무너지다 등의 표현을 생각해 보라.)와 같은 복잡한 은유에는 보다 풍부한 의미가 내포되어 있다.[2]

이러한 은유들은 우리의 이해와 행동에 영향을 미친다. 예를 들어, 논쟁에 참여하고 있다고 인식하는 경우, 상대의 주장을 해석하는 방식이나 그에 반응하는 방식은 상당 부분 우리가 어떤 은유를 사용하느냐에 영향을 받는다. 은유에 대한 이해는 문화에 따라 달라지기도 한다. 예를 들어 레이코프와 존슨이 주장한 바에 따르면, 어떤 문화에서는 "논쟁은 춤이다."라는 은유를 사용하여 미학과 스타일, 동시성을 나타내는 언어로서 논쟁을 묘사하기도 한다. 이렇듯 은유는 묘사하는 대상의 일부 측면만 부각시키고 다른 측면은 은폐한다. 따라서 은유는 결코 완전하고 정확한 묘사라고 할 수 없다.

은유는 과학에서도 기본적인 요소로 사용된다. 새로운 것을 묘사하기 위해서는 익숙한 것과 관련지어 설명할 수밖에 없기 때문이다. 예를 들어, 과학에서는 빛을 파동(바다의 파도와 동일한 개념)과 입자(우리가 보고 만질 수 있는 아주 작은 물질의 조각), 두 가지 모두와 연관지어 설명해 왔다. 그러나 어느 쪽도 '정확히' 진실은 아니다. 둘 다 불완전하기 때문이다. 앞에서도 말했듯이, 17세기 근대 과학이 부흥하던 시기에 지배적인 은유는 "세상은 기계다."였다. 이는 "세상은 생명체이다."라는 중세 시대의 이해를 대체하는 것이었다.

그러나 뉴턴의 역학을 뒷받침하던 시계 장치 은유는 오래 전 과학자들에 의해 물리적인 세상 전반을 설명하는 적절한 은유로서의 지위를 잃었다. 뉴턴이 제시한 '운동 법칙'은 우리가 일상생활에서 경험하는 수준에서는 힘과 운동을 꽤 적절하게 설명해 준다. 당구공과 진자, 시계의 운동도 그의 모형들과 공식들을 통해 다소 근접하게 예측할 수 있다. 그러나 과학계에서 극도로 작거나 큰 현상을 관찰하기 시작하면서 이러한 은유는 그 적절성을 잃었다. 원자를 구성하는 아원자

(亞原子)는 당구공처럼 운동하지 않으며, 블랙홀과 은하의 진화는 톱니바퀴와 지레 은유로 설명할 수 없다. 이후 양자 이론과 상대성 이론, 복잡계 이론이 발전하면서 물리학의 범위는 맨 처음 뉴턴이 제시한 이미지와 이론을 넘어서는 수준으로 확대되었다.

열린 마음으로 이러한 증거에 접근하는 것은 세상이 하나의 기계라는 생각을 포기하겠다는 의미로 이해되어 왔다. 현재 일부 과학자들은 원자가 '에너지의 소용돌이'라고 주장하고 있으며, 또 다른 과학자들은 '소립자가 끈의 운동에 의해 만들어지는 악보'라고 주장한다. 과학자들이 세상의 복잡한 측면들을 전부 공식으로 설명할 수 있는지 여부에 대해 의문을 제기하는 상황에 이르자, 수학의 역할도 그 중요성을 어느 정도 잃게 되었다. 그보다는 쓸 만한 과학 실험을 통해 증거를 조사하고 필요한 경우 기꺼이 은유와 기교를 바꾸는 방식이 사용된다.

1장과 2장에서 설명했듯이, "경제는 기계다."라는 은유는 18세기의 "세상은 기계다."라는 보다 광범위한 기존 은유를 기반으로 등장했다. 물리학은 끊임없이 변화해 왔지만, 대중과 학계가 경제에 대해 갖고 있는 이미지는 여전히 17세기의 세상 이미지에 단단히 뿌리내리고 있다. 이유가 무엇일까?

왜 우리는 그토록 끈질기게 경제학을 입자와 동력으로 구성된 비인간적인 기계로 간주하는 것일까?

나는 세상을 기계로, 과학자를 그 세상의 객관적 탐구자이자 동세자로 보는 관점이 특정한 심리적 호소력을 갖고 있다고 믿는다. 경제학자들 사이에서는 이러한 호소력이 기계 은유를 고수하게 하는 주요 원동력으로 작용한다는 얘기다.

이러한 이미지의 심리적 호소에는 재미있는 역사가 얽혀 있다. 1980년대는 근대 과학의 출현에 대해 새로운 관점을 내세운 주요 저서들이 쏟아져 나온 시기이다. 에벌린 폭스 켈러(Evelyn Fox Keller)와 수전 보도(Susan Bordo), 샌드라 하딩(Sandra Harding), 브라이언 이즐리(Brian Easlea) 같은 학자들은 초창기 과학자들 대다수가 종종 정신, 이성, 객관성을 '남성성'의 상징과 연결시켰음을 지적했다. 이 초창기 과학자들은 정신과 이성과 객관성이, 이질적이고 여성적인 것으로 간주되던 육체와 감정과 주관성을 지배하도록 만드는 것이 과학의 역할이라고 생각했다.[3]

예를 들어, 영국왕립학회의 초기 사무관이었던 헨리 올든버그(Henry Oldenburg)는 이 학회의 취지가 "남성적인 철학을 육성하고…… 그에 따라 인간의 정신이 확고한 진실에 대한 지식을 얻어 고귀해지도록 만드는 것"이라고 말했다. 또한 제임스 힐먼(James Hillman)은 『분석의 신화(The Myth of Analysis)』에서 "우리가 과학적, 서구적, 현대적이라 부르는 특정한 의식은, '이브의', '여성적인', '열등한' 것으로 통하는 그 실체의 일부를 폐기함으로써 오랜 시간에 걸쳐 다듬어진 남성적 정신의 도구이다."라고 주장한다.[4]

따라서 경제학을 '남성적인' 것으로 간주하고 이러한 이미지를 유지시켜 온 프로젝트는 '합리적인 남성'의 지배권을 유지시키려는 보다 방대한 역사적 프로젝트의 일부로 이해할 수 있다. 이러한 과정에서 진짜 육체, 필요, 의존, 감정 등이 '여성적'이라는 꼬리표로 조심스럽게 무력화되어 쉽게 배제될 수 있었던 것이다. 기계 은유는 경제학에서 나약해 보이는 것은 모두 거부하고 '강인하게' 보이는 특성들만 남겨놓았다는 점에서 이러한 프로젝트에 정확히 부합한다고 할 수 있다.

그러나 이 프로젝트의 진짜 취약점은, 뉴턴은 자신의 경험에서 얻은 증거를 토대로 시계 장치 이론을 고안해낸 반면, 신고전주의 경제학은 '가정'을 토대로 이론을 세웠다는 점이다. 1장에서도 언급했듯이, 초기 신고전주의 경제학자들은 경제학을 '과학적인' 것으로 만들어 그것을 토대로 경제학의 '운동 법칙'을 설명하고자 했다. 다시 말해서, 그들의 목표는 뉴턴 물리학의 이미지와 방법론에 경제학을 끼워맞추는 것이었다. 그들은 그것이 '일반적인' 과학에 부합한다고 잘못 이해하고 있었다.

이러한 극도로 협소하고 엄격한 과학의 이미지가 일종의 경제학판 '프로크루스테스의 침대(Procrustean bed)'가 된 것이다. 복잡한 인간적 동기들은 여기에 부합하지 않는다는 이유로 완전히 배제되었다. 보살핌의 관계, 혹은 사실상 권력의 관계까지도 여기에 부합하지 않는다는 이유로 폐기되었다. '필요'는 잿더미에 던져졌으며, 살아남은 거라곤 이기심, 이윤, 효용성, 극대화 등의 얄팍한 개념들뿐이었다. 뉴턴의 이론은 특정 현상들에 어느 정도 부합했기 때문에 물리적 세계의 일부를 설명하는 데 사용될 수 있었지만, 경제학자들의 이론이 마땅히 설명해야 하는 경제 세계에 부합하는지 여부에 대해 의문을 제기하는 사람은 아무도 없었다. 경제생활에서 사람들이 이론과 정반대로 행동한다는 증거 또한, 경제학 이론이 '엄밀하고 가차없는' 것으로 남기를 바라는 경제학자들의 욕망에 의해 대부분이 계속해서 은폐되었다.

하나의 은유를 일말의 의심없이 고수하는 것, 그것을 실천하는 사람들로 하여금 새로운 생각을 갖도록 요구하는 증거들을 전부 폐기하는 것을 어찌 '과학'이라 할 수 있겠는가?

철장 깨고 나오기

2장에서 묘사한 '철장'은 이 세상에 실제로 존재하는 것이 아니라, 우리의 머릿속에서 우리의 정신을 완고한 사고방식에 옭아매는 그 무엇이다.

스미스는 경제를 고찰하면서 이기심을 동력으로 삼는 엄청난 규모의 생산 및 교환 기계를 하나의 이론으로 정리했다. 신고전주의자들은 완벽하게 기능하는 추상적인 시장을 토대로 지근거리에서 상호작용하며 수학적 극대화(이윤의 극대화와 효용성의 극대화)를 추구하는 '기업'과 '가구'의 개념을 이론화했다. 베버와 하버마스는 사회적 의미와 인간관계를 전혀 고려하지 않는 경제 체제에 대해 이론을 세웠다. '기업', '가구', '시장', '시스템 대 생활세계'에 대한 이러한 이론들은 칠판 상에서는 적절하게 들어맞는다. 그러나 칠판에서 눈을 떼어 주위를 둘러보면 어떤 광경이 들어오는가?

내 눈에 들어오는 것은 특정한 경영자와 참모 유형 몇 가지에 맞춰 정형화된 사람들이 복잡하게 조직되어 있는 기업들이다. 이들 가운데에는 주주의 이익을 우선시하는 유형도 있고, 성장을 보다 중요시하는 유형도 있으며, 최고 경영진의 개인적인 이익에만 치중하는 유형도 있다. 직원들과 지역 사회에 대한 책임을 진지하게 받아들이는 기업도 있고 그렇지 않은 기업도 있다. 순조롭게 운영되는 기업이 있는가 하면, 왼손이 하는 일을 오른손이 모르게 운영되는 기업도 있다. 일부 기업들은 그때그때의 위기를 모면하는 데만 급급한 반면, 우리의 삶을 근본적으로 변화시키는 기술적·사회적 혁신(TV 광고, 인터넷 정보와 전자상거래)을 이룩하거나 독려하는 기업들도 있다.

나는 경제생활에서 기업들이 수행하는 역할을 오직 수학적 기능만으로 설명할 방법을 찾을 수가 없다. '이윤의 극대화'는 우리의 머릿속에 있는 개념이다. 현실에는 복잡한 기업들이 존재한다. (기업과 관련된 이윤 문제와 사실들에 대해서는 5장에서 좀더 자세히 살펴보겠다.)

이와 마찬가지로, 가구를 구성하는 사람들도 다양한 동기에 따라 행동하며 매우 복잡한 방식으로 조직된다. 일자리와 구매해야 할 품목들, 가족을 형성하는 방식, 공적인 의사 결정에 참여하는 방식 등을 선택하는 과정에서 사람들은 실질적인 딜레마에 부딪친다. 가정에까지 그 영역을 확장한 신고전주의 이론은, 사람들이 자녀를 갖거나 자연보호를 지지함으로써 얻는 '효용성'을 이를테면 아이스크림을 먹음으로써 얻는 '효용성'에 견줄 수 있다고 주장한다. 가정에서 이뤄지는 모든 결정을 같은 단위로 잴 수 있다는 논리이다.

나는 사람들의 실질적인 의사 결정이 이런 식으로 이뤄진다고 생각하지 않는다. 신고전주의 이론은 또한 사람들의 선호도 문제는 배제한 채 사람들이 무언가를 원한다는 점만 '기정사실'로 여긴다. 사람들의 행동에 영향을 미치는 광고나 사회적인 비교 등이 경제학을 이해하는 데 중요하지 않은 요소로 취급된다는 사실에 나는 놀라지 않을 수 없었다. '효용성의 극대화'는 우리의 머릿속에 있는 개념이다. 현실에는 복잡한 가구들이 존재한다.

기본적인 신고전주의 이론은 정부와 비영리 조직을 전적으로 무시한다. 노동조합과 동업조합, 교회와 자선 단체, 비영리 병원이나 대학 등은 대다수 지역 사회의 경제생활에서 매우 중요한 역할을 수행한다. 그러나 신고전주의 이론에는 이런 것들이 존재하지 않는다. 정부가 지역 및 국가의 안보와 보건, 교육 등에 투자하는 비용이 경제생활에 막대한 영향을 미침에도 불구하고, 그들은 정부의 활동을 기업과 소비자로 이루어진 '진짜' 경제에 들러붙는 골치 아픈 부속물 정도로 묘사한다. 신자유주의자들은 심지어 정부가 완벽하게 돌아가는 경제 기계에 "방해가 된다."라고 비난하기까지 한다.

이 이론은 시장이 제도와 기관을 필요로 한다는 사실을 고려하지 않는다. 현실의 시장이 적절히 기능하기 위해서는 물리적 기관(이를테면 쇼핑몰)과 사회적 제도(이를테면 신용카드 수용 제도)가 모두 필요하다. 세계무역기구(WTO)는 국제 시장의 규칙들을 제정하는 기관이다. 뉴욕증권거래소(NYSE) 역시 사실은 비영리 기관이라는 사실을 알고 있는가? 그러나 이와 같은 실제의 시장 기관들이, 순수하게 비인격적이고 원활하며 규제로부터 자유로운 교환이 이뤄져야 한다는 추상적인 칠판 이미지 때문에 경제학에서 외면을 당하고 있다. 경제학 이론에 등장하는 '시장'은 우리의 머릿속에 있는 개념이다. 현실에는 복잡하고 특별한 시장들이 존재한다.

이것만으로는 부족한 듯, 장엄한 시장 교환 기계 시스템으로서의 경제 이미지는 경제생활에서 양도의 역할까지 무시하고 있다. 오직 교환에만 초점을 맞추다보니 구체적인 대가를 기대하지 않고 일방적으로 돈이나 재화, 서비스, 재산 등을 양도하는 모든 경제 활동을 무시하는 것이다. 부모가 자녀에게 제공하는 보살핌과 재화도 고려하지 않으며, 세금과 보조금, 정부에서 지급하는 보건복지비 등도 실제 경제와는 무관한 것으로 간주한다. (사실, 맨 처음 금융 회계가 사용된 것은 세금을 기록하기 위해서였다는 점을 감안하면 이것은 아이러니컬한 일이 아닐 수 없다.) 개인의 경제 전망을 결정하는 데 큰 영향을 미치는 유산의 역할이나 기부 혹은 전쟁으로 인한 약탈 또한 고려하지 않는다.

현실의 경제는 시장을 토대로 상호작용하는 '기업'과 '가구' 이상으로 훨씬 더 방대하고 훨씬 더 복잡하다. 이러한 증거들을 무시하고 기계 이미지가 세상을 설명해 준다는 생각에만 매달린다면, 수학자 겸 철학자인 앨프리드 노스 화이트헤드(Alfred North Whitehead)가 이름 붙인 '오치된 구체성의 오류(fallacy of misplaced concreteness)'에 빠지게 된다. 즉, 우리가 만들어낸 추상적 개념들에 사로잡힌 나머지, 주변 세상보다 그 개념들이 더 사실적이라고 생각하게 되는 것이다. 모든 것을 플라톤적 이상에 준하여 판단하게 되며, 실제 세상을, 우리가 '무대 뒤에서' 진행되고 있다고 믿는 무언가를 다소 불완전하게 재현한 것으로 간주한다. 무대 위의 세상이 우리의 머릿속에 들어 있는 무대 뒤 이미지에 부합하지 않으면 그 불완전성을 상세하게 파헤치기도 한다. 그러나 이제는 머릿속에 배경으로 자리 잡고 있는 기계로서의 경제 이미지를 포기해야 할 때이다.

주위를 둘러보면 기계 은유의 적합성은 결코 명확하지 않다는 사실을 알 수 있다. 경제는 기계의 톱니바퀴만 포함하는 것이 아니라 사람들까지 포함한다. 따라서 경제 활동의 모든 단계 뒤에는 진짜 인간적인 동기들과 진짜 인간의 육체와 영혼, 그리고 진짜 인간적인 의사 결정들이 자리하고 있다고 할 수 있다.

경제가 기계가 아니라면?

그렇다고는 해도 경제가 이기심에 의해 움직이는 기계라는 생각은 당연히 하나의 은유로 받아들일 수 있으며, 실질적인 경제 정책 구축을 위한 최고의 토대로 간주할 수도 있다. 또 도덕적 문제들과 경제적 문제들을 구분짓는 비교적 정확한 방법으로 생각할 수도 있다. 그렇다면 '왜' 기계 은유를 폐기하는 것이 유익한가라는 질문을 던져볼 필요가 있지 않겠는가. 지금부터 기계 은유를 폐기하면 현실적이고 유익한 결과를 얻을 수 있다는 점을 분명하게 보여주겠다.

시계 장치 은유는 유용한 것일까? 물리학에서는 이 세상이 계산으로 설명될 수 있는 힘과 입자들로 구성된 기계와 같다는 생각이 상당한 결실을 이뤄냈다. 이러한 생각에 포함된 수학적 정교함은 (일반적으로 적용하면 거짓이 되는 경우도 있지만) 물리학의 영역에서는 토스터와 우주선, 의료 기기 등을 설계하는 데 크게 기여했다.

그러나 경제학에서는 이러한 기계 은유와 관련한 수학적 정교함이 그 실질적인 목적에 어느 정도나 기여했는지 확실히 알 수가 없다. 대부분의 학술 논문들이 '정책적 시사점'을 제시함으로써 결론을 맺지만, 이 정책적 시사점도 대개는 부자연스러우며 정부 및 기업과 관련된 실질적인 논의에는 이렇다 할 기여를 하지 못한다. 프랭클린 루스벨트(Franklin Delano Roosevelt)의 뉴딜 정책과 케인스(J. M. Keynes) 지지자들의 거시경제 정책, 로널드 레이건(Ronald Reagan)의 공급 경제 정책 등을 비롯하여 경제 정책 측면에서 가장 중요한 발전을 이룩한 대다수의 정책들은 신고전주의 경제학자들이 적용해온 복잡한 계산이나 통계와는 거의 혹은 전혀 관계가 없다.

뉴딜 정책과 케인스 지지자들의 정책들은 '기계'가 마땅히 해야 할 '자기 규제'를 하지 못한 데 대한 직접적인 대응이었다. 공급 경제 정책은 비주류 경제학자 아서 래퍼(Arthur Laffer)가 냅킨에 휘갈겨 그린 그래프를 토대로 한 것이었다. 여기에는 수학 모형이나 경험적 연구 따위가 개입되지 않았다. 뉴턴 패러다임의 '과학적' 정교함도 뉴턴 물리학에는 극도의 실질적 기여를 했지만, 이에 비해 경제학에는 전혀 기여한 바가 없는 셈이다. 뉴턴 패러다임의 가장 큰 업적이 완전

고용이라고 말하는 사람도 있을 것이다. 어쨌든 신고전주의 경제학자들은 보수를 받고 수학적 재능을 뽐내며 시간을 때울 방법을 찾지 않았는가.[5]

그렇다면 기계 은유는 우리에게 악영향을 미치고 있을까? 내가 생각하기에는 그렇다. 기계 은유는 한편으로는 고지식하고 무책임한 신자유주의 친기업 정책의 발전을, 다른 한편으로는 고지식하고 비실용적인 반시장주의 대안의 발전을 부채질했다.

1장에서 나는 재화와 용역의 공급이나 고용 기회의 창출 등과 같은 다소 적절한 가치들을 친기업 진영의 공으로 돌렸다. 그러나 시장이 오직 이기심만을 추진력으로 사용하는 기계라는 이유로 시장 시스템이 '자동적으로' 유익한 것들을 제공한다고 주장한 데 대해서는 그들을 비판했다. 2장에서는 시장 비판가들이 도덕적 발전이나 빈곤층에 대한 관심 등의 타당한 가치들을 우선시한다는 점을 지적하고, 시장이 이기심에 의해 움직이는 기계이기 때문에 이러한 가치들과는 반목할 수밖에 없다고 주장한 데 대해 비판했다. 아이러니컬하게도 친기업 지지자들과 반시장주의자들 간의 대화가 단절된 것은 바로 경제가 기계라는 '공통된' 가정 때문이었다.

다음에 제시하는 표는 1장과 2장에 소개한 네 개의 목록을 서로 대조되도록 조합한 것이다. 왼쪽 상단의 '목록 1'은 친기업 진영의 긍정적인 가치 목록으로서, 경제학에 대한 긍정적인 관점과 우리가 생계를 유지하기 위해 해야 할 일들을 제시하고 있다. 시장 비판가들의 긍정적인 가치들을 정리한 오른쪽 상단의 '목록 3'은 윤리에 대한 긍정적인 관점과 가치 있는 삶을 만들어주는 것들을 제시한다.

왼쪽 하단의 '목록 4'는 반시장주의자들이 '경제적 가치'로 간주하는 항목들을 정리한 것으로서, 경제학에 대한 부정적인 관점을 반영한다. 오른쪽 하단의 '목록 2'는 반시장주의자들을 쓸모없는(혹은 그보다 더한) 비현실적 이상주의자들로 생각하는 친기업 옹호자들의 부정적인 관점을 반영한다.

이제 다음을 생각해 보자. 나는 경제는 기계가 '아니기' 때문에 친기업 옹호자들과 반시장주의자들이 모두 표의 일부만 이해했다고 생각한다. 서로 상대 진영의 유익한 점들을 존중하되, 이런 유익한 점들이 경제생활에 의해 '자동적으로' 제공된다는 혹은 손상된다는 생각을 버린다면 경제와 윤리의 관계를 보다 적절하게 이해할 수 있을 것이다.

왼쪽 하단에 제시된 '목록 4'의 항목들은 윤리와 관계를 도외시하고 경제생활에만 맹목적으로 충성했을 때 나타날 수 있는 결과들이다. 예를 들어, 도덕성을 생각하지 않고 제품을

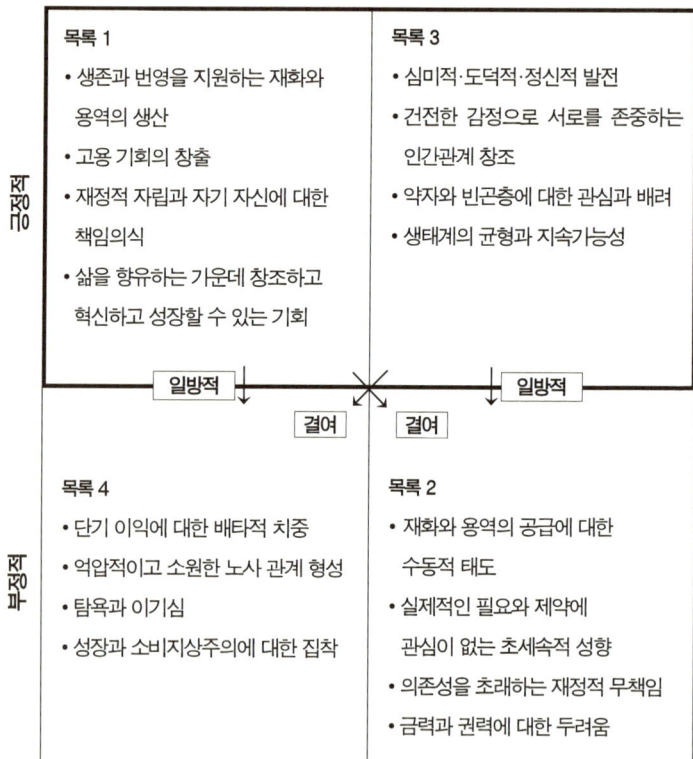

〔표 설명〕 친기업 옹호자들과 반시장주의 비판가들은 각각 일련의 가치 있는 장점들을 독려한다. 친기업 옹호자들은 물리적인 공급과 자존을 강조하는 반면(목록 1), 시장 비판가들은 관계와 배려, 지속가능성을 강조한다(목록 3). 그러나 이러한 관점들은 모두 어느 한쪽에만 치우쳐 있다.

친기업 옹호자들은 시장이 기계적이라는 믿음을 견지하며 윤리를 불필요한 것으로 간주한다. '영혼'에 대한 관심을 배제한 채 오직 '육체'에만 관심을 쏟는 그들의 성향은 '목록 4'의 악덕으로 이어진다. 반시장주의 비판가들은 역시 시장이 기계적이라는 믿음을 견지하며 자본주의 경제에서는 그들의 윤리적 관심이 절대 충족될 수 없다고 생각한다. '육체'를 부정한 채 오직 '영혼'에만 관심을 쏟는 그들의 성향은 '목록 2'의 악덕으로 이어진다. 양측은 이처럼 똑같이 갖고 있는 "경제는 기계다."라는 믿음 때문에 사실은 '목록 1'과 '목록 3'이 양립할 수 있고 상호보완적이라는 사실을 자각하지 못한다.

생산한다면 해로운 제품을 판매할 가능성이 높다. 피고용인들의 인격을 존중하지 않는 채 무조건 고용의 기회만 창출한다면 비인간적인 근로 환경이 형성되기 쉽다. 어린이들과 환자, 노인들을 고려하지 않고 인간은 누구나 스스로를 책임져야 한다고 생각한다면 사람들은 무자비한 태도를 갖게 될 수밖에 없다. 환경에 미치는 영향을 생각하지 않고 제품을 생산 혹은 소비한다면 지구의 미래는 현세대의 근시안적 충동에 전당 잡히기 십상이다. 재화를 생산하고 고용 기회를 창출하고자 하는 욕구는 결코 나쁜 것이 아니다. 그러나 윤리적인 문제들이 '저절로 해결될 것'이라는 가정에 너무 의존하다 보면 심각한 해를 유발할 수도 있다.

오른쪽 하단의 '목록 2'에 제시된 항목들은 실질적인 공급을 도외시한 채 윤리에만 맹목적으로 충성했을 때 나타날 수 있는 결과들이다. 공급의 측면을 완전히 무시하는 것은 결국 자신이 '보다 숭고한' 것을 담당하는 동안 다른 누군가가 자신을 지원해 주길 기대한다는 의미이다.[6] 예를 들어, 도덕 옹호자가 되어야 했던 빅토리아 시대 여성들은 돈과 세속적인 것들을 멀리하고 영적인 것을 중시하며 기꺼이 자신보다는 타인의 필요를 먼저 생각하는 존재로 확고히 여겨졌다. 또 다른 예를 들어보면, 오늘날까지도 수많은 동양 국가들에서는 불교의 승려들이 명상에 전념하다가 하루에 한 번씩 밖에 나와 동네 농부들에게 음식을 구걸한다. 보다 '숭고한' 것들이 무가치하다는 얘기가 아니다. 때에 따라서는 공급에 대한 관심을 배제하는 것이 오히려 유익한 일이 될 수도 있을 것이다.

그러나 두 가지 문제를 생각해 보자. 첫째, 우리 모두가 오직 윤리에만 치중할 수는 없다. '누군가'는 재정에 관심을 갖거나 밖에 나가 돈을 벌어오거나 공과금을 내거나 농부의 역할을 해내야 한다. 둘째, 윤리에만 치중한다면 결국 윤리 자체가 경제적 힘에 종속될 수밖에 없다. 빅토리아 시대의 주부들이나 동양의 승려들이 그들의 보다 '숭고한' 역할을 어느 정도 해낼 수 있는가는 전적으로 지원을 제공하는 사람들의 마음에 달려 있었다. 윤리적인 일이 경제적 토대에 확실하게 묶여 있지 않으면 지원은 언제든 끊길 수 있다. (이혼 여성들과 버림받은 여성들 대다수가 이 사실을 고통스럽게 깨달았다.) 윤리와 보살핌은 경제에서 떨어져 나오면 매우 취약해질 수밖에 없다. 이 같은 반체제적 윤리지상주의 이데올로기가 야기한 문제점에 대해서는 4장에서 좀더 자세히 살펴보겠다.

한 가지 흥미로운 사실은 시계 장치 은유를 포기하면 상단의 좌우 목록에 있는 항목들이 상호보완적이며 가치있는 것이 될 수 있다는 점이다. 윤리와 경제학이 서로 무관하다고 주장하는 것은 우리의 실생활이 아니라 바로 기계 은유이다. '경제적 가치'는 이기심에만 국한되어 있다고 주장하는 것도 우리의 실생활이 아니라 기계 은유이다.

진부한 은유가 아닌 우리의 경험에 귀를 기울인다면 윤리에 대한 적극적 관심과 경제생활에 대한 적극적 관심이 양립할 수 있을 뿐 아니라 실제로 서로 의존하고 있음을 알 수 있다. 둘 중 어느 한 가지도 자동적인 작용에 맡겨둬선 안 된다. 우리는 재화와 용역의 공급 그리고 보살핌 모두를 책임질 수 있다. 우리는 우리가 참여하고 있으며 우리를 지탱해 주는 사회 경제 체제 전반을 적극적으로 책임질 수 있다. 우리는 육체와 영혼을 결합할 수 있다.

고동치는 심장

잠시 멈춰 서서 주위를 둘러보고 귀를 기울여보라. 당신의 귀에 들리는 리듬은 경제라는 시계가 째깍거리는 소리가 아니라 경제의 심장이 뛰는 소리이다.

은유는 강력하다. 우리는 우리의 생각이 미묘하고 복잡한 것이라 믿고 싶어 하지만, 실제로 우리 생각의 토대를 이루는 것은 기본적인 시각적 이미지 혹은 촉각적 이미지들이다. 째깍거리는 경제 시계의 톱니바퀴 이미지, 즉 이기심을 동력으로 영구 운동을 할 수 있으며 사전에 설계된 막후의 청사진에 따라 움직이고 수학을 배운 경제 기술자들만이 수리할 수 있는 기계 장치 이미지는 견고하고 구체적인 이미지로서 강력한 영향력을 발휘해 왔다.

이를 대신하여 경제생활을 묘사하는 데 쓰일 수 있는 은유들은 수없이 많겠지만, 나는 '고동치는 심장으로서의 경제' 은유가 가장 적합하다고 생각한다.[7] 먼저 신체에 없어서는 안 될 '순환 기관'으로서의 심장을 상상할 때 떠오르는 수많은 연상들이 경제를 묘사하기에 적합하다는 인상을 주지 않는가. 심장은 온몸에 혈액을 흘려보낸다. 이와 마찬가지로 경제는 종종 화폐와 재화, 용역을 끊임없이 돌아가게 하는 순환형 유동의 이미지로 그려져 왔다. 심장은 특정한 물리적 구조(판막, 심방, 심실)와 규칙적인 기능을 갖고 있다. 경제를 심장으로 형상화하면 경제 또한 특정한 구조(기관 및 제도)와 규칙성을 지녔음을 알 수 있다. 여기까지만 보면, 심장 은유는 경제와 심장을 모두 펌프 기계에 비유하는 전통적인 유추와 다를 바가 없어 보일 것이다.

그러나 심장은 무생물 펌프가 아니라 살아 있는, '생명을 유지하는 데 반드시 필요한' 기관이기 때문에, 이 은유로부터 매우 관련성 높은 여타의 수많은 통찰력이 도출될 수 있다. 심장은 혈액을 순환시켜 체세포에 산소와 영양분을 전달함으로써 생명을 유지하는 데 필수적인 역할을 한다. 마찬가지로 경제는 개인과 사회의 생명을 유지시키고 풍요롭게 만들어주는 공급의 흐름을 유도한다.

하나의 생명체로서 경제라는 심장은 건강하고 강력하게 유지될 수도 있으며, 반대로 약해지거나 혈관이 막히거나 퇴화할 수도 있다. 화폐와 재화가 순환하지 않고 적절하지 못한 방식으로 집중되면, 경제는 울혈성 '심부전'의 위험에 처해 있다고 말할 수 있다. 경제적 육체에 속한 각 기관은 심장으로부터의 공급이 끊기면 약해져서 결국 죽음을 맞이한다. 하나의 생명체로서 경제라는 심장은 그것을 둘러싼 문화와 역사, 환경, 제도에 적응하며 그것들과 함께 진화한다. 조류의 심장이 포유류의 심장과 다르듯이 어디에나 들어맞는 단 하나의 경제는 존재하지 않는다.[8]

경제라는 심장은 또한 피를 흘릴 수도 있다. 경제 재화에 대한 접근을 둘러싸고 권력 싸움이 일거나 갈등이 발생하면 (말 그대로나 은유적으로나) 출혈이 일어나기 때문이다. 심장은 외부에서 오는, 즉 궁극적으로는 생태계에서 오는 에너지와 양분을 필요로 한다. 심장이 병들거나 다쳤을 때에는 진찰과 처방, 간호를 통해 치료해야 한다. 하나의 유기체로서 심장은 심하게 병들거나 심한 부상을 입으면 혹은 필요한 양분을 공급받지 못하면 죽음에 이를 수도 있다.

심장은 또한 '사랑의 중심'이 되기도 한다. 수많은 신화와 이야기 속에서 심장은 관심과 동정이 자리하는 곳으로 그려졌다. 밸런타인데이 카드마다 그려지는 천편일률적인 하트 모양에서부터 자선 캠페인에 걸어놓는 "온정을 베푸세요!(Have a Heart!)"라는 슬로건에 이르기까지 심장은 서로에 대한 깊은 애정을 상징한다. 우리는 종종 "그게 잘못됐다는 것을 가슴(heart) 깊이 알고 있어요."라는 말을 듣기도 하는데, 이런 말에서도 심장이 자리한 가슴은 청렴과 양심의 상징적 근원지가 된다. 일부 동양 문화에서는 두 손을 심장 앞에 맞대고 절하는 것이 존경의 상징, 즉 상대방이 일종의 신성을 지니고 있음을 인정하는 의미로 사용된다.

고동치는 심장으로서의 경제 이미지는 물리적인 공급의 상징인 동시에 배려와 존중, 도덕적·정신적 삶의 상징이 될 수도 있다. 물리적인 기관으로서 심장이 '육체'에 없어서는 안 될 중요한 무언가를 상징한다면, 사랑의 근원지로서 심장이 갖는 문화적 상징은 '영혼'에 없어서는 안 될 중요한 무엇을 환기시킨다.

최근에 심장은 또한 동기와 '용기'가 자리하는 곳으로 간주되기도 한다. "염이 없다(not have the heart)."라는 표현은 어떤 일을 할 만한 의지를 끌어 모을 수 없다는 의미로 사용된다. 『오즈의 마법사』에 등장하는 겁쟁이 사자는 심장에게 불굴의 의지를 달라고 부탁하기도 한다. 경제의 시계 장치 이미지에서는, 우리는 기계의 톱니바퀴에 불과하기 때문에 용기가 필요치 않다. 우리는 단순히 '시스템에 의해 그것을 하게 된 것' 뿐이다. 반면, 경제를 심장에 비유하면 우리에게는 자신의 행동을 책임질 의무가 부과되기 때문에 용기가 필요하다. 고동치는 심장이라는 경제 이미지는 육체와 영혼을 결합할 뿐 아니라, 우리가 빈곤과 굶주림, 불의, 낭비, 환경 파괴 등의 '심장 통증'에 대해 모종의 행동을 취하도록 유도한다. 우리를 대신해 이런 문제들을 해결해 줄 기계가 없다면 어떻게 하겠는가? 경제가 살아 숨쉬며 보살핌을 제공하는 그 무엇이 되도록 만드는 것이 우리가 할 일이다. 연약한 심장으로는 이러한 일을 적절히 해낼 수 없을 것이다.[9]

이윤은 필수, 윤리는 선택?

물론, 이미 수많은 훌륭한 사람들이 직장의 정신적인 영역과 조직 내에서의 인간관계, 기업 윤리, 기업의 사회적 책임, 복지 기관의 조직 및 자금 관리 등을 비롯하여 윤리와 경제를 통합하는 여타 프로젝트들에서 중요하고 귀중한 역할들을 수행하고 있다. 배려심과 용기를 지닌 수많은 사람들이 건강하게 살아 움직이는 경제생활을 창출하고 유지시키는 일에 관심을 갖고 관련 역할을 해내고 있다. 이런 점을 감안하면 내가 그들의 영역을 굳이 새롭게 창조할 필요는 없을 것이다.

그러나 앞에서 설명한 친기업 광신자들은 이런 사람들의

말에 귀를 기울이지 않는다. 스미스의 기계가 윤리적인 '장애물'이 없이도 적절하게 작용하고 있다고 믿기 때문이다. 보수주의 경제학자 밀턴 프리드먼(Milton Friedman)은 "기업 경영진이 주주들에게 최대의 이익을 안겨주려 하는 것 다음으로 우리 자유 사회의 토대를 철저하게 손상시키는 것이 있다면 그것은 바로 그들이 사회적 책임을 받아들이는 것이다."라는 유명한 말을 남겼다.[10] 이러한 관점에서는, 직원들과 그들의 가족, 고객, 지역 사회의 인간적인 필요 사항에 관심을 기울이는 것이 실제로는 무책임한 일로 간주된다!

반시장주의자들도 귀를 기울이지 않기는 마찬가지다. 그들은 '기업의 사회적 책임'이라는 말 자체가 모순이라고 생각한다. 예를 들어, 데이비드 코튼은 윤리적으로 보이는 대기업의 행동을 얄팍한 홍보 전략으로 치부함으로써 반시장주의자들의 의견을 대변하고 있다.[11] 보건과 교육 분야의 '비경제적 가치'들을 보호하고자 하는 사람들 대다수는 경제학이 탐욕의 동의어라는 생각을 기정사실로 받아들인다.

지금껏 17세기까지 거슬러 올라가 기계 은유의 시초를 살펴보았는데, 이로써 현대 경제생활의 윤리에 대한 진지한 논의를 가로막는 하나의 장애물이나마 제거되었기를 바란다. 시계 장치 은유는 대화를 차단하고 유용한 조치들을 방해하는 중요한 요소로서 작용해 왔다. 이러한 은유에 대해 진지한 의문을 제기한 이상, 이제 '기업 윤리'와 '보살핌의 경제학' 이라는 용어도 비교적 타당하게 들리지 않는가. 여기에 '고동치는 심장으로서의 경제' 은유를 도입하면 우리는 훨씬 더 큰 발전을 이룰 수 있다. 즉, 우리의 경제생활이 건강하게 유지되기 위해서는 여기에 생명력을 불어넣고 배려와 책임감이 결합시켜야 한다는 말이다. '기업 윤리'와 '보살핌의 경제학' 은 선택 사항이 아니라 '필수 사항'이다.

그러나 여전히 두 단계에 걸쳐 사실적인 문제들을 짚고 넘어가야 한다. 첫 번째 단계는 개인의 동기와 인간관계에 대한 문제이다. 한 개인이 '돈을 벌기 위해' 무언가를 행한다고 한다면, 그 사람에게는 돈 이외에 좀더 미묘한 동기들이 전혀 없다고 볼 수 있는 것인가? 혹은 '돈을 벌기 위해' 일을 한다는 것 자체가 피고용인과 고용주를 주종 관계로 치부하는 셈이 되지 않는가? 다음 장에서는 이러한 문제들을 살펴볼 것이다. 두 번째 단계는 조직들, 그리고 조직들과 외부 세상의 관계에 대한 문제이다. 기업들이 법적 의무와 시장의 힘 때문에 다른 모든 관심을 포기하고 이윤의 극대화만을 추구하도록 강요받고 있지는 않는가? 5장에서 이에 대해 파헤쳐 보기로 하자.

4장

무엇을 위해 일하는가

'사랑과 돈'의 경제학

보살핌의 딜레마

로사 에르난데스(Rosa Hernandez)는 저임금 노동자로서 친자녀 두 명과 피가 섞이지 않은 아이 두 명을 기르고 있다. 출생 직후부터 맡아 보살핀 두 살짜리 수양아들에 대해 묻자 그녀는 이렇게 대답했다.

그 애가 다른 집으로 입양된다면 가슴이 찢어질 거예요. 아이들과 같은 집에 살면서 사랑으로 보살피다 보면 피붙이 못지않은 정이 든답니다. 하지만 사회 복지 사업가들과 변호사들은 이런 점은 생각하지 않고 "당신이 아이들을 입양할 수 없다면 우리가 데리고 가겠다."라고 말하죠. "틀림없이 당신은 제대로 돌보지 못할 것이다."라고 하면서요. 하지만 우리는 경제적으로 넉넉하지가 않아요. 만약 우리 앞으로 입양하면 그 애에 대한 의료보험 혜택을 받지 못할 겁니다. 이 아이는 천식이 있어요. 우린 빈털터리가 될지도 몰라요. 그러면 어떤 아이도 돌볼 수 없게 되거든요.

에르난데스 부인이 토로하는 내용을 기록한 사람은 사회학자 테레사 도구치 스워츠(Teresa Toguchi Swartz)였으며, 그녀는 이 수양부모를 감독하는 사회 복지 전문가들도 인터뷰했다. 그녀는 "사회 복지 사업가들과 변호사들"은 에르난데스 부부가 "오로지 돈을 바라고 아이들을 양육하고 있으며 그들이 아이들을 입양하지 않는다면 진정으로 사랑하는 것이 아니라며" 비난한다는 점을 알았다.[1]

여기에는 어떤 구체적인 상황이 포함돼 있을까? 우선, 에르난데스 부인은 경제적 책임과 윤리적 책임을 모두 중시하는 관점을 취하고 있다. 그녀의 남편은 월급 1,000달러를 받는 항만 근로자인데, 이들 부부는 가족을 부양해야 할 책임을 중요하게 여긴다. 또한 그들은 자신들과 이 남자아이 사이에 형성된, 사랑과 친밀감 가득한 관계 역시 중요하게 생각한다. 앞 장에서 소개한 목록에 비춰 판단해 보면 이들 부부는 '목록 1'과 '목록 3'을 모두 중시하며 사랑과 돈을 '상보적인' 관계로 생각한다. 이 아이가 받을 수 있는 의료보험 혜택은 그들로 하여금 계속해서 아이를 돌볼 수 있게 해준다. 하지만 만일 그들이 아이를 입양하면 더 이상 그 의료보험 혜택을 받을 수 없다.

반면, 사회 복지 전문가들은 윤리지상주의와 반배금주의의 관점을 취한다. 그들은 에르난데스 부인이 돈에 관심이 있으며, 이는 그녀가 아이를 진정으로 사랑하지 않음을 보여주는 증거라고 생각한다. 그들은 아이를 보살피는 것과 관련한 비경제적인 측면에만 집중한 나머지 에르난데스 가족의 현실적 필요나 그들이 직면한 한계적 상황을 완전히 간과하고 있다. 그들은 아마도 스스로를 약자와 빈자를 염려하는 '목록 3' 유형이라고 생각할 것이다. 그러나 내 생각에 이들은 오히려 '고상한 가치'에 집착한 나머지 노동자 가정이 처한 재정적 현실을 보지 못하고 초세속적 경향을 띤다는 점에서 '목록 2' 유형에 가깝다. 이들은 '고상한 가치'에 지나치게 경도되어 현실을 보지 못하고, 사랑을 주고받으며 자랄 수 있는 가정에서 아이를 강제로 떼어내려고 한다.[2]

여기서 우리는 동기의 문제에 귀착한다. 우리는 돈과 사랑에 의해 동시에 동기를 부여받을 수 있을까? 많은 사람들은

'아니오'라고 말한다. 이들은 돈을 위해 어떤 일을 하면, 그 일은 자동적으로 '상품화' 되는 것이라고 생각한다. 이들은 또한 돈과 관련된 거래는 모두 이기적이고 편협하며 계산적인 행위와 동일하다고 여긴다. 뿐만 아니라 기꺼이 적은 보수만 받고 사회 복지 업무에 종사하는 사람은 보살피는 마음을 제대로 지녔다고 믿는다.[3] 이와 같은 동기나 보살핌과 관련된 문제들이 이번 장에서 다룰 첫 번째 주제다.

이 주제와 밀접하게 관련된 보다 일반적인 문제는, 이미 돈이라는 동기를 지녔다고 생각되는 상황에서도 또 다른 동기들을 살펴봐야 한다는 것이다. 예를 들어, '돈을 벌기 위해' 회사에 다니는 사람은 자신의 의지를 상사에게 완전히 넘겨준 것일까? 아니면 이런 상황에서도 돈 이외의 다른 동기들이 여전히 중요한 역할을 할까?

이는 동전의 양면과 같다. 우리는 직업 특성상 사랑하는 능력이 필요한 일을 '돈을 위해' 할 수 있을까? 사무실이나 공장에서 일하는 가장 주된 이유가 '돈을 벌기 위해서'라면, 그 일터에서 사랑을 느낄 수 있을까?

역사적 유산

물론 역사적으로 볼 때 복지는 시장 원리가 적용되는 분야가 아니었고, 우리 문화에서 시장 원리는 본질적으로 가혹하고 보살핌에 관심이 없는 것으로 묘사되었다. 사랑과 돈을 대비시키는 이데올로기는 중산층 가정에서 흔히 볼 수 있는 성별 역할 분리 방식과 밀접한 관련이 있다.

앞에서 언급한 바와 같이 빅토리아 시대에 시장의 경제생활은 차갑고 가혹하며 기계적인 것으로 인식되었다. 살벌하고 경쟁이 심한 시장에서 거래를 성사시키느라 비인간적인 성향을 갖게 된 중산층 남성들에게 힘든 하루를 마치고 돌아갈 안식처가 필요하다는 생각이 일반적이었다. 사람들은 따뜻함, 높은 도덕적 가치, 여성적인 기술의 영역으로 이상화된 가정이 남성에게는 안식처를, 사회 전체에는 정신적·문화적 균형을 제공한다고 여겼다.

중산층 여성들은 집에서 아이와 병자와 노인을 보살폈으며 이를 위한 경제적 지원은 남편에게서 받는 돈을 통해 이루어지는 '간접적인' 것뿐이었다. 문화적으로나 법적으로나, 대개 배우자들 간의 관계는 상호 증여의 관계(세상의 '계산적인' 거래와 반대)로 여겨졌기 때문에, 여성이 가정에서 하는 행위는 '일'로 간주되지 않았다. 여성은 그저 경제적으로 남편에게 의존하는 사람으로 여겨진 것이다. 따라서 아이, 병자, 노인을 돌보는 데 드는 시간과 돈 등의 자원은 재정이나 시장과의 어떠한 연결 고리도 없이 분리되어 있었다.

오늘날도 일부 사람들이 빅토리아 시대의 이데올로기를 주장하고 있지만 결코 그것은 경제생활에 대한 정확한 설명이 아니다. 소수 엘리트 계층을 제외하고, 대부분의 여성은 돈을 벌기 위해 일을 하진 않았지만 여전히 '일을 하고' 있었다. 여성은 가족을 위해 요리를 하고, 청소를 하고, 보살핌을 제공함으로써 상당한 경제적인 기여를 했다. 또한 중산층 남편을 두지 못한 더 많은 수의 여성은 산업 경제의 가장 밑바닥에서 직접 일정 부분을 담당했다. 노동 착취 공장들은 사회 소수 계층과 이민자, 가난한 여성을 근로자로 고용했다. 이들의 어린 자녀도 어머니 옆에서 지독하게 낮은 급여를 받으며 장시간 일하는 경우가 많았다. '가정의 천사'라는 빅토리아 시대의 중산층 이데올로기는 가정에서 여성이 하는 일들을 철저히 가렸고, 산업화가 가난한 여성들과 아이들에게 미치는 나쁜 영향도 보이지 않게 덮어 버렸다.

복지와 관련된 활동이 점차 가정의 영역에서 분리되기 시작했을 때도, 복지 업무가 돈을 벌기 위해 가질 수 있는 직업이 아니라는 생각은 지속되었다. 초기 간호사들 중 많은 수가 가난 서약을 한 수녀였으며, 나머지는 결혼 전까지만 일할 생각으로 잠시 간호사를 택한 젊은 여성들이었다. 두 경우 모두 부양가족이 없었고 자신들의 경제적 안정을 종교 단체나 아버지, 미래의 남편이 해결주리라 기대했기 때문에, 그들은 돈을 많이 벌 필요가 없었다. 초기 탁아소와 보육원은 대개 결혼한 중산층 교회 여성들이 자신보다 혜택을 덜 받는 여성과 아이들에게 자선을 베풀기 위한 목적으로 설립하고 운영했다. 이 여성들은 남편이 '생업'을 갖고 있으므로 아주 적은 돈(때때로 '용돈'이라 불렀다.)만 받아도 상관이 없었다. 마찬가지로, 초기 교육 또한 수녀나 젊은 미혼 여성 또는 직업을 가진 기혼 여성이 담당했다. 보살핌에 대한 경제적 지원은 그 행위를 하는 사람에게 직접적으로 전해지는 것이 아니라, 가족이나 종교 단체 등을 통해 간접적으로만 이루어졌다.

우리는 보살핌에 대한 동기에 다른 유형의 활동에서 찾아볼 수 없는(또는 덜 드러나는) 어떤 질적인 측면이 있다고 생각한다. 그 때문에 '보살핌을 제공하는 가정'과 '냉혹한 일터'를 대립시키는 빅토리아 시대의 이데올로기에 종종 공감을 느낀다. 보살핌 활동은 본질적인 특성상 수혜자에 대한 인간적이고 감정적인 관심에 의존한다. 우리는 간호사, 간병인,

탁아소 근무자, 수양부모가 자신이 돕거나 돌보는 이들의 안녕과 복지를 진심으로 염려하고 신경 쓰기를 바란다. 또 보수에만 관심 있는 사람에게 그러한 일을 맡기는 것을 결코 원치 않는다. 우리는 요양원과 탁아소에 맡긴 할머니나 아이가 그곳 직원에게 거칠고 쌀쌀한 대우를 받는 것을 원치 않으며, 주사를 놓은 횟수와 기저귀를 갈아준 횟수만 채우면 할 일을 다 했다고 생각하는 사람에게 보살핌을 받는 것을 원치 않는다. 이런 점에서, 사람들이 산업적이고 획일적인 사고방식이 보살핌 활동에 도입되는 것을 우려하는 것도 일리가 있다. 우리는 최소한 복지나 보살핌 활동에는 마음(heart)이 있어야 한다고 생각한다.

그러나 빅토리아 시대 방식이라는 역사적 유산 때문에 우리는 그릇된 양자택일을 고려하는 습관이 생겼다. 즉, 그저 차갑게 '돈을 벌기 위해' 또는 사랑을 위해 '기꺼이'(돈과 상관없이) 어떤 활동을 하는 것이라고 생각한다. 우리는 진정한 보살핌이란 마르지 않는 샘물처럼 우리의 본성에서 우러나와야 한다고 생각하는 경우가 많다.

그러나 시대가 변했다. 과거에는 많은 여성이 다른 직업들에서 고립되어 있었기 때문에 보살핌 업무를 맡았다. 하지만 지금은 간호사와 선생님 이외에도 다양한 직업이 여성에게

열려 있다. 과거에는 많은 여성이 직업 이외의 원천에서 경제적 지원을 받았던 관계로, 적은 임금에 혹은 무임금으로 일을 했다. 오늘날은 편부모 가정이나 맞벌이 가정이 과거보다 훨씬 많다. 최근에는 오히려 탁아소, 요양원, 가정 의료 관련 기관들에서 실력 있는 근로자를 찾기가 힘들다고 불평한다. 병원들은 지속적인 간호 인력 부족으로 고전하고 있는 것처럼 보인다. 학교들 역시 교사가 부족해 고심한다. 보살핌의 샘물은 더 이상 마르지 않는 샘이 아닌 듯하다.

위와 같은 근로자 부족 문제를 잠시 살펴보자. '일반적으로' 고용주들은 필요한 수만큼 근로자들을 구하기 힘들 때 이를 어떻게 해결할까? 조립 라인 근로자, 판매 사원, 기술자를 필요한 인원만큼 찾지 못하면 고용주는 어떻게 할까? 이러한 직업들에는 분명히 사회 복지 관련 요소가 없기 때문에, 우리는 대개 이런 직종에 종사하는 이들이 '돈을 벌기 위해' 일한다고 생각한다. 맞는 말이다. 우리는 애덤 스미스 이래로 각자가 이기심을 갖고 경제 활동을 한다고 생각해 왔다. 현재의 근로 수당으로 충분한 수의 조립 라인 근로자, 판매 사원, 기술자를 구할 수 없으면 대개 회사는 임금이나 직원 혜택을 늘린다.

일부 사람들은, 회사가 기술자를 구할 때 급여를 올리는 것처럼 더 많은 사회 복지사를 구하기 위해 임금을 올려주는 것이 '잘못된' 방식이라고 생각한다. 그들은 그러한 방식이 부적절한 부류의 사람들을 끌어들인다고 말한다. 즉, 임금을 많이 주면 그저 '돈을 보고' 일하는 사람들이 꼬인다는 것이다. 돈 때문에 동기를 얻은 사람들은 그 돈을 벌 수 있을 만큼만 적당히 피상적인 보살핌을 제공할 것이라는 게 그들의 주장이다. 따라서 장기적인 인력 부족 사태 속에서도 사람들은 사회 복지사를 고용하거나 유지하기 위한 수단으로서 급여 인상을 좀처럼 고려하지 않는다. 복지를 '경제적 가치'로 더럽히는 것을 두려워하는 사람들은 급여 수준을 낮게 유지해서 복지 업무를 '보호'할 수 있다고 믿는다.

사람들은 보살핌이라는 동기와 금전적인 동기 사이의 대립을 당연한 것으로 가정하지만, 과연 실제로 그럴까? 아니면 그저 시대에 뒤떨어진 사고방식일 뿐일까?

사랑과 돈에 관한 연구들

돈이 복지 분야에서 보살핌과 관심 같은 요소를 몰아낸다고 주장하는 사람들은 일부 사회과학이나 철학에서 자신들의 지지자를 찾는다. 2장에서 소개한, '생활세계'와 '시스템'을 대비시킨 위르겐 하버마스는 이러한 관점의 지지자 중 한 명이다. 그가 돈이라는 매개체가 경제 체제의 '동력이 된다'라고 한 것을 떠올려보라. 그는 비인격적인 돈이 개입되면 인간의 활동은 '기술화'되어 인간적 의미와 사회적 의미를 상실한다고 주장했다.

하버마스의 관점에 따르면 돈은 실로 막강한 힘을 가진다. 그는 돈이 '금이나 법적 장치'의 지원을 받기 때문에 돈을 사용할 때에는 사회적 정당화가 필요없다고 주장했다.[4] 그는 돈이 사회적 관계들과 아무 관련이 없는 법칙을 따르며, 사회생활 외부에 객관적 실체로서 존재한다고 생각한다.

하지만 이 주장을 좀더 자세히 살펴보자. 정말로, 돈이라는 것은 무엇인가? 하버마스를 비롯한 많은 사람들은 아직도 지폐를 포트녹스(Fort Knox, 미국 켄터키 주의 지명. 미국 최대 규모의 금 보관소 소재지로 유명하다. 옮긴이)에 있는 금괴(가치)의 일부를 나타내는 일종의 종이 증서라고 생각한다. 하지만 사실 오늘날의 돈은 '전적으로' 사회적 창조물이다! 세계적으로 금본위제는 1930년대 초에 무너졌고 미국은 1971년에 달러의 금 태환 중지를 선언했다.

돈을 연구 대상으로 삼는 경제학자들은, 사용자가 돈이 지닌 가치에 '동의' 해야만 돈이 교환 활동에서 유용함을 '매우' 잘 알고 있다. '강제적 법률'이 전적으로 국내 통화의 가치를 보장해 주는 것은 아니다. 국가 중앙은행의 주요 기능 가운데 하나는 국내 통화가 사용자들이 보기에 '합리적'이도록 조치를 취하는 것이다. 중앙은행은 자국의 달러, 페소, 유로화가 안정적으로 무역에서 통용될 수 있고 가치 저장 기능을 수행한다고 끊임없이 국민에게 확신시키려고 노력한다. 중앙은행의 수뇌들은 신념, 기대, 신용도, 평판, 합리성, 집단 의사 결정 문제 등에 대해 걱정하지, 어딘가 금 저장소에 있을 금의 양을 걱정하지 않는다.[5] 최근 경제사에 있었던 몇몇 국제적 대변동의 직접적인 원인은 합리성의 위기였고, 이러한 위기는 초인플레이션이나 화폐의 대규모 가치 절하에 대한 예측 때문에 통화 가치에 대한 사회적 불신이 증가해 일어난 것이었다. 돈은 금이나 법적 장치의 지원을 받지 않는다. 돈은 다분히 사회적인 창조물이다.

돈의 의미는 전적으로 사회적인 믿음에 의존하기 때문에, 돈이 사회적인 의미를 파괴한다는 하버마스의 주장은 이치에 어긋난다. 그러나 여전히 사회과학에서는 인간의 동기와 돈이 서로 만나면 어떤 이유로든 돈이 보살핌을 몰아낸다고 하지 않을까?

리처드 티트머스(Richard Titmuss)가 미국과 영국의 혈액 공급을 놓고 수행한 비교연구는 돈이라는 동기와 보살핌이라는 동기가 서로 완전히 반목한다는 증거로 자주 인용된다.[6] 티트머스가 연구를 진행했던 시기에, 영국에서는 혈액 공급이 자발적인 기증자들에 의해 이루어진 반면, 미국에서는 자발적인 기증자와 유료 기증자 모두에 의해 이루어졌다. 티트머스는 미국에서 영국보다 더 높은 비용에 더 낮은 질의 혈액이 공급된다는 사실을 알았다. 그는 혈액의 상업적 시장 형성이 혈액을 기증하려는 사람들의 자발적 의지를 감소시켰다고 주장했다. 자선 의지를 금전적 거래와 나란히 병치하면 해당 활동이 가치를 떨어뜨리고 상업화시키는 듯이 보인다. 티트머스의 연구 결과는 종종 넓게 해석되어, 보살핌과 관심이라는 동기를 가진 '증여' 관계는 돈이라는 동기를 가진 '교환' 관계와 완전히 다른 것이라는 의미로 해석되기도 한다. 다시 말해, 그의 연구는 돈이라는 동기가 보살핌이라는 동기를 '밀어낸다'라는 사실을 증명한다고 여겨져 왔다.

그런데 이것은 이야기의 시작에 불과하다. 브루노 프라이(Bruno S. Frey)는 돈과 동기의 문제를 심층 연구한 경제학자다. 티트머스와 마찬가지로 그는 돈의 지급과 같은 '외부적인 간섭'이 배려, 윤리, 충성심, 활동의 즐거움으로부터 나온 '본래적인 동기들을 밀어낼 수 있다'고 주장했다. 하지만 그는 이러한 일이 '특정한 사회적 맥락' 속에서 일어난다는 사실을 알아냈다.[7] 돈의 지급은 그것이 '통제적인 요소라고 인식될' 때 본래적 동기들을 밀어낸다. 다시 말해, 사람들이 돈을 받기 위해 다른 누군가에게 자신의 행동에 대한 통제권을 넘겨주어야 한다고 생각할 때, 그들의 내면 동기는 약해지거나 없어진다는 것이다. 예를 들어, 남을 돕기를 좋아하는 어떤 사람이 상담가를 직업으로 선택했다고 하자. 그러나 소속 기관이 상투적 업무와 서류 정리 업무를 너무 많이 주는 바람에, 그가 질식할 듯한 답답함과 감시당하는 듯한 기분을 느낀다고 하자. 자신을 기계의 톱니바퀴처럼 취급하는 기관에서 그가 결국 '급여를 받으려는 목적만으로' 일하게 되는 것도 무리는 아닐 것이다.

그러나 한편으로 프라이는 돈의 지급이 '인정의 수단으로 인식될' 경우엔 오히려 '본래적인 동기들을 끌어올 수 있음'을 발견했다. 돈의 지급이 근로자의 목표와 욕구를 인정하고 지지하는 역할을 하면, 그의 내면적 동기와 만족감은 '더욱 강화되고 확대되는' 것이다. 사람들은 직장에서 지지받고 인정받기를 좋아한다. 그리고 돈을 지급하는 것은 그러한 지지나 인정을 표현하는 한 방법이 될 수 있다. 예를 들어, 상담가의 일을 존중하고 돈을 지급함으로써 그러한 존중을 표현하는 기관에서 일하는 상담가들은 한층 높은 의욕을 갖고 일에 임하며, 이는 남을 도울 수 있다는 자신감을 강화해 준다. 급여를 올려주고 좀더 인정해 주면 의욕을 북돋울 수 있다. 나는 상금을 받으면 공로의 '가치가 떨어진다'고 상금을 거절한 노벨상 수상자의 이야기를 들어본 적이 없다!

우리 가족의 경우를 통해, 나는 '통제적인' 경영 스타일이 보살핌을 밀어내고 '인정하는' 경영 스타일이 보살핌을 지지하는 사례를 아주 가까이서 목격했다. 내 큰언니는 큰 병원에서 일하는 간호사였는데, 수년간 제대로 인정받지도 못한 채 차취당했다는 생각 때문에 간호사 일을 그만두고 싶은 마음까지 들었다. 근무시간표는 명령처럼 상부에서 내려왔고, 간호사들의 행복에(때때로 환자들에게도) 관심조차 없어 보이는 병원 경영진에서 결정하는 봉급 인상 수준은 기대에 턱 없이 못 미쳤다. 존중받지 못하고 지나치게 통제만 당한다고 느낀 언니는 결국 '급여를 받으려는 목적만으로' 억지로 일터에 나가는 지경에 이르렀다.

이후 그녀는 좀더 작은 다른 병원으로 이직했다. 그곳으로 옮기고 나서 언니는 이전 병원에서 그녀를 지치게 했던 것은 간호 업무가 아니라 잘못된 경영이었음을 깨달았다. 새 직장에서 언니를 포함해 같은 팀에 있던 동료들은 모두 책임감 있는 어른으로서 대우를 받았고 스스로 근무시간표를 짤 수도 있었다. 언니는 어느 날 오후 새로운 고용주에게서 편지를 받았는데, 봉투를 열었을 때 언니의 입은 떡 벌어지고 말았다. 병원이 지역 간호사 임금 실태에 관한 조사 결과를 검토하고 나서, 간호사들이 요구하지도 않았는데 모두에게 계획에 없던 임금 인상을 해주기로 한 것이다! 그녀는 직업 선택에 다시 한 번 만족감을 느꼈다. 그녀는 타인을 보살피는 일을 하면서 존중받는다고 느끼며, 그와 동시에 상당한 돈도 벌고 있다.

따라서 보살핌의 감정을 '밀어내는' 것은 돈 자체가 아니라 돈의 특정한 이동에 부여된 사회적 의미다. 돈이 동기의 일부로 작용하는 경우, 그것이 보살핌이나 다른 관심들에 의한 동기와 본질적으로 대립되는 것은 아니라는 의미다! 건강한 경제라는 고동치는 심장은 남을 보살피고 책임감 있게 행동하려는 사람들의 욕망을 '밀어내지' 않고 돈을 순환시킨다.

경제적 동기

경제학, 돈, 이기심, 이 셋의 관계를 좀더 자세히 살펴보자.

'경제적 동기'는 너무나 오랫동안 금전적인 이기심 또는 심지어 탐욕과 동일시되어 왔다. 따라서 '경제적' 동기를 지닌다는 것이 어떤 의미인지 생각해 볼 필요가 있다.

첫째, 우리는 아주 명백한 '경제적' 상황에서도 사람들이 단순히 금전적 관심만 가지고 행동하지는 않는다는 점을 기억해야 한다. 경제적 행동은 단지 돈을 버는 일과 관련된 것만은 아니다. 둘째, 어떤 사람의 경제적 행동에서 돈이 매우 중요한 역할을 한다 해도, 그가 반드시 탐욕스러운 사람임을 뜻하지는 않는다. 돈이 동기가 된 행동이라고 해서 항상 이기적인 것은 아니다.

경제적 행동은 단지 돈을 버는 일과 관련된 것만은 아니다

최근 한 흥미로운 경제 실험이 사회과학 분야에서 상당한 관심을 모으고 있다. '최후통첩 게임(Ultimatum Game)'에서 두 사람이 서로 나누어 쓸 일정액의 돈을 받게 될 것이라는 통지를 받는다. 예를 들어, 일정액을 20달러라고 하자. 이 중 한 사람이 돈을 나누는 방식을 제안한다. 첫 번째 사람이 두 번째 사람에게 10달러씩 나누자고 제안할 수도 있고, 8달러 또는 1달러만 주고 나머지는 가질 수도 있다. 두 번째 사람은 이러한 결정에 어떠한 의견도 제시해서는 안 되고, 오직 제안을 받아들일지 말지의 여부만 결정할 수 있다. 만약 두 번째 사람이 첫 번째 사람의 제안을 거절하면, 두 사람 모두 빈손으로 떠나야 한다. 두 번째 사람이 제안을 수락하면, 두 사람은 돈을 받고 제안된 대로 금액을 나눈다. 두 사람이 만약 편협한 금전적 이기심만으로 행동한다면, 첫 번째 사람은 자신이 최대한 많이 갖기 위해 두 번째 사람에게 최소한의 금액(1달러쯤)만 줄 것이다. 두 번째 사람은, 1달러가 한 푼도 못 갖는 것보다는 낫기 때문에, 즉 순전히 금전적 이기심에서 첫 번째 사람의 제안을 받아들일 것이다.

그러나 실제로, 실험 연구자들은 50 대 50과 너무 동떨어진 비율의 제안(즉, 양측이 가질 금액에 차이가 많이 나는 거래)은 거절당하는 경우가 많음을 알았다. 사람들은 불공평한 대접을 받느니 아무것도 받지 않고 떠나는 길을 택한 것이다!

경제적인 관계는 항상 일정한 사회적 맥락 내에서 생겨난다. 따라서 사람들의 경제적 행동이 반드시 개인의 금전적 관심에 의해서만 결정된다는 생각은 잘못이다. 사회 이론가인 하워드 마골리스(Howard Margolis)는 대부분의 사람들이 순전히 이기심에 따라 행동하지는 않으며 "자신이 이기적인 존재가 되기도, 남에게 착취당하기도 원치 않는다."라고 말한다.[8] 다시 말해 대개 사람들은 적어도 일정 수준까지는 기꺼이 타인에게 도움을 주거나 사람들과 협조하려고 하고, 공익에 기여할 의사를 갖고 있다는 것이다. 예를 들어, 정상적인 사회에서는 대부분의 사람들이, 만일 법을 어기는 것이 발각될 확률이 낮다 하더라도, 물건을 훔치는 행위를 스스로 자제하고 세금도 제대로 납부한다. 사람들은 심지어 자선 단체에 돈을 기부하기도 한다.

이러한 상황이 바뀌는 시점은 사람들이 자신에게 할당된 몫보다 일을 더 많이 한다고 느끼거나 남들이 자신을 이용한다고 느낄 때다. 최후통첩 게임의 두 번째 사람처럼, 사람들은 자신이 마땅한 대우를 받지 못한다고 느끼면 비협조적인 태도를 취하거나 심지어 복수심을 품기도 한다. 만일 자신을 제외한 다른 자들이 물건을 훔치고 서로 속이며 좋은 것은 자기만 가지려고 하는 사회에서 살고 있다는 사실을 인식하면, 사람들은 자기도 바보가 되지 않으려고 남들처럼 훔치고 속이고 사재기할 확률이 높아진다. 이와 반대로, 만약 사람들이 전반적인 구성원들이 정직하고 일을 서로 나눠서 하는 사회에 살고 있다고 생각하면, 그들 또한 전반적으로 정직해지고 자기 몫의 일을 기꺼이 하게 된다.

이런 점을 잠시 생각해 보자. 우리의 실제적인 경제 활동은 우리가 지닌 사회적 인식과 믿음에서 상당한 영향을 받는다.

따라서 경제생활과 관련해 우리가 가진 생각들은 자기실현적 예언이 될 가능성이 있다. 만일 우리가 인간은 경제생활에서 언제나 오로지 금전적 이기심만 추구한다는 기계적 신화를 널리 퍼뜨린다면, 과연 어떤 행동을 퍼뜨리는 결과를 가져올까? 공공의 이익을 위한 관대한 행동을 고무할까, 아니면 방어적인 자기 보호의 태도를 부추기게 될까?

돈이 동기가 되는 행동이 항상 이기적인 것은 아니다

우리는 집세를 내고 옷을 사고 가족의 생필품을 마련하기 위해 돈이 필요하다. 실제 생활에서 사람들은 현실적인 책임을 지니고 있다. 현대 경제에서, 사람들은 자신과 다른 사람들의 삶에 필요한 공급품을 얻기 위해 화폐 경제에 참여해야 한다. 수양모 로사 에르난데스를 비난한 중산층 사회 복지 전문가들과 달리 에르난데스 본인은 이러한 사실을 이해하고 있었다. 그녀는 자신이 돌보는 아이를 '진정으로 염려하고' 있었다. 하지만 아이를 돌보고 천식 치료를 위해 의사를 찾아가는 등의 일에 드는 시간만큼 그녀는 일터에서 일을 하면서 돈을 벌 수 없다. 만일 아이를 돌보는 데 시간을 쏟아야 한다면, 그녀는 어떠한 방식으로든 경제적 지원을 받아야 한다.

때때로 사람들은 돈과 이기심에 대한 방정식을 뒤집어 생각해서, '낮은' 보수를 받고 기꺼이 일하는 것이 남을 보살피는 마음과 동정심을 보유한 '징표'라고 여긴다. 그들은 인정 있는 사람이라면 '조건에 개의치 않고' 일을 할 수 있어야 한다고 생각하며, 진정으로 남을 보살피는 사람이라면 금전적 보상의 수준에 대해 무관심해야만 한다고 생각한다.

그러나 보육 센터 직원들과 임금이 적은 간병인들을 대상으로 한 연구 조사에 따르면, 이들은 다른 직업에 종사하는 사람들에 비해 얼마나 돈을 적게 받는지 스스로 잘 알고 있으며, 또한 이것이 해당 직종에 나타나는 높은 이직률의 주요 원인이라고 한다. 한 연구에서는, 보육 센터 직원과 관리자의 절반 이상이 인터뷰에서 "이 일을 사랑하지만 곧 그만둘 예정이다."라는 생각을 표명한 것으로 나타나 있다.[9]

이처럼 사회 복지 관련 직종 종사자들은 아이들이나 몸이 편치 않은 사람들을 진정으로 걱정하고 보살피며 일에서 만족감도 느끼지만, 결국은 경제적 보상이 좀더 나은 직장으로 옮겨야 한다는 압박감 또한 느낀다. (요즘은 주차 관리 요원이 보육 센터 직원보다 더 많이 번다.) 이들은 이혼, 아이의 출산, 그 밖에 인생에서 일어나는 굵직한 일들 때문에 커다란 경제적 부담이 생기면 이직을 고려할 수밖에 없다. 혹은 경제적으로나 사회적으로 과소평가되고 있다는 사실에 회의를 느끼고 직장을 옮기는 경우도 있다.

교육 수준이 높고 일에 숙련되어 있어서 다른 좋은 직장으로 언제든 옮길 수 있는 사람일수록 복지 업무에서 착취당하고 있다는 느낌을 크게 받는다. 이 분야에서 최고라 할 수 있는 많은 사람들이 결국 복지 분야에서 떠나 급여가 더 많고 사회적으로도 더 높은 지위를 보장받는 직업으로 옮긴다. 돈에 쪼들리는 생활에 지쳤고, 또한 그들이 떠나는 것을 막을 수 있는 사람도 없기 때문이다. 개인적 책임과 가족에 대한 책임이 있는 엄연한 현실 앞에서는, 훌륭한 복지가가 될 수 있는 사람도 턱없이 적은 돈으로는 복지 분야에 머무를 수가 없다는 사실을 우리는 알아야 한다.

그처럼 조건이 더 좋은 직장으로 옮길 수 있는 사람들이 보수가 낮은 복지 분야를 떠나는 경향이 크다면, 어떤 이들이 뒤에 남을까? 남는 사람들 중 일부는 가족 구성원에게 지원을 받거나 딸린 부양가족이 없기 때문에 적은 보수를 감수하며 진정으로 남을 보살필 수 있는 사람들이다. 그러나 반드시 이타적인 이유 때문이 아니라 '별다른 대안이 없기 때문에' 남아 있기도 한다.

미국의 수많은 사례들을 살펴보면, 저임금의 간병인, 보육센터 직원, 수양부모 가운데는 턱없이 교육 수준이 낮거나 별

다른 기술이 없는 사람, 심지어 약물 중독자나 범죄 전과자도 포함돼 있다. 구인 공고에 명시된 복지 관련 업무 내용은 일상생활에서 필요한 능력보다 약간 높은 정도의 수준만 요구하므로, 단순 복지 업무는 다른 직장을 구하기 힘든 많은 사람들을 수용하고 있을 뿐 아니라 새로 끌어들이고 있다. 이들은 자신이 일터에서 보살피는 사람들에게 진심 어린 염려와 관심을 갖고 있을 수도 있지만 아닐 수도 있다. 단지 맥도날드 같은 회사에 입사할 자격이 안 되기 때문에 아이나 할머니를 보살필 수도 있는 것이다. 우리는 이러한 상황을 현실로 믿고 싶지 않지만, 복지 관련 직업이 이 사회에서 가장 보수가 낮은 직업군에 속하는 이상 이것은 너무도 확고한 현실이다.

분명히, 우리는 복지 분야에서 일하는 사람들이 '진정으로 보살피기'를 원한다. 그러나 낮은 급여를 지급받는 상황에서 그들이 정말 진심 어린 염려를 가지고 꾸준히 일하기를 기대하기는 어렵다. 개인적인 책임과 다른 더 좋은 직장으로 옮길 선택권이 여전히 존재하기 때문에, 높은 급여를 지급한다고 해서 반드시 이 분야에 '돈에만 목적이 있는' 사람들이 과도하게 몰려들지는 않을 것이다. 또한 높은 임금은 보살피는 사람들(즉, 진정한 관심을 지닌 사람들)로 하여금 제대로 보살필 수 있게(즉, 거기에 충분히 시간을 들일 수 있게) 해준다. 따라서 자기희생을 기꺼이 감수하는 이들을 끌어들일 것이라고 생각하여 낮은 임금을 책정하는 것은 복지 업무의 질을 향상시키는 최선의 길이 아니다.

지원자들의 '범위를 넓히고' 사람들이 직장에서 '제대로 된 인정과 보상을 받고 있다'고 느끼도록 적정 수준의 경제적 보상과 지원을 제공하는 것, 그것이 최선이다. 그렇게 하면 요양원과 보육 센터, 사회 복지 기관들은 최고의 인재를 '정선'하여 뽑을 수 있다! 인터뷰나 실무 테스트에서 가장 세심하고 보살피는 마음이 뛰어난 사람들이 채용되어 만족스러운 수준의 임금을 받으며 일할 수 있을 것이다. 적정 수준의 급여는 복지 업무 종사자들로 하여금 장기간 같은 직장에 머무를 수 있게 하며, 이로써 그들은 복지 수혜자들과 장기적인 인간관계를 맺고 수혜자들의 진정한 인간적 성숙과 치료를 증진시킬 수 있다.

착취

우리는 '사랑 대 돈'이라는 관점 대신 '사랑과 돈'이라는 관점을 취할 수 있다. 사회에서 높은 수준의 사랑과 관심이 오가기를 원한다면 우리는 그러한 목표를 달성하기 위해 시간과 돈을 투자해야 한다. 경제가 보살핌이나 윤리적 행동과 대립되는 것으로 생각하면, 보살핌 업무가 취약하고 종속적인 위치에 머물게 된다.

예를 들어, 간호사들은 경제적 이익에 대한 관심이 이기심과 연관된다는 사회적 인식 때문에 인력 부족과 불공평한 저임금 문제에 관해 강력하게 항의하지 못한다. 보살핌과 상관없는 직업에서는, 근로자들이 심하게 혹사당할 경우 파업을 하는 것이 가능하다. 그러나 간호사나 여타 복지 업무 종사자들은 시간 외 근무를 잘 거절하지 못하고, 파업까지 가는 경우도 훨씬 적다. 이들에게 깊숙이 박혀 있는 직업적 윤리 의식이, 그 일을 대신 떠맡을 사람이 없는 한 환자나 아이들을 버려두고 가지 못하게 그들을 붙잡기 때문이다. 그들은 어느 정도까지는 페미니스트 경제학자인 낸시 폴브러(Nancy Folbre)가 말했듯 '사랑의 포로'라고 할 수 있다.[10]

경영진은 이러한 사실을 누구보다 잘 안다. 따라서 복지 관련 종사자들이 자신과 자신이 돌보는 이들을 위해 상황을 개선하려 노력해도, 경영진은 '사랑 대 돈'이라는 테마를 전략적으로 사용해 그들의 시도를 좌절시키곤 한다. 예를 들어, 2001년 매사추세츠 주 브록턴 시에서는 간호사들이 환자에게

꼭 필요한 간호에 문제가 생기는 것을 최소화하는 조치를 취한 후에 파업에 들어갔다. 주요 협상 안건은 직원 부족 문제, 강제적인 시간 외 근무, 부당한 업무 이동, 급여 문제였다. 그 전까지 병원 측은 기존 간호사들의 업무량을 늘리고 환자에게 돌아가는 간호의 수준을 낮추는 방식으로 인력 부족 문제를 해결해 왔던 것이다. 간호사들은 과도하게 많은 환자를 간호하고, 극도로 피로할 때도 일을 하고, 예기치 않은 호출에도 응해야 했으며, 더 나아가 전문 지식을 거의 갖추지 않은 부서의 업무까지 '떠맡도록' 강요받았다.

그렇다면 병원 측은 어떻게 대응했을까? 병원 측에서는 '사랑 대 돈'이라는 오랜 편견을 이용했다. 《보스턴 글로브》에 "병원 경영진은 파업 간호사들의 진정한 동기가 더 높은 급여를 받아내려는 것이라고 전했다."라는 기사가 실렸다. 다시 말해, 병원 측은 일반 대중에게 "이 간호사들은 '이기적인' 사람들입니다. 여러분은 설마 '이기적인' 간호사들을 지지하고 싶진 않겠지요?"라고 말하고 싶었던 것이다. 또한 병원 측은 간호사들이 "자신들의 법적인 의제를 관철하려 한다."라고 전했다. 정치적인 것에 관여하는 일은 간호사답지 못하다는 대중의 인식을 이용해 간호사들을 불리하게 만들려 했던 것이다. 또한 기사에는 간호사들에게 좀더 치명적인 공격을 가하기 위한 내용도 있었다. "병원 부원장인 로버트 휴스(Robert Hughes)는 '노조가…… 병원 측의 답변을 기다리지도 않고 근무지에서 이탈했으며, 놀라서 입이 다물어지지 않는다.'라고 말했다." 자기 정체성의 상당 부분을 타인과의 관계나 보살핌에서 찾는 사람들에게, 무례하다거나 대화를 거부하는 태도를 지녔다는 비난은 실로 치명적인 공격이다.[11]

명백히 급여 인상을 목표로 파업한 철강 노동자들이 위와 같은 종류의 수사(修辭)적 공격을 받는다고 상상할 수 있겠는가? 나는 도저히 상상이 안 된다. 사람들은 복지 분야 이외의 모든 세상 사람들이 자신과 가족의 행복과 안정에 관심을 갖는 것은 당연하다고 여긴다. 경제학과 정치학에서 이루어지는 논의가 '실질적인' 복지 수준을 떨어뜨리고 있는 상황에서는, 복지 관련 기관들이 자원 부족에 허덕이고 보살핌 제공자들이 착취당하는 결과를 불러올 수밖에 없다.

돈을 위해 일하다

지금부터는 사람들이 주로 '돈을 위해' 일한다고 생각하는 직업을 살펴보자. 우리는 공장의 조립 라인 노동자, 판매 사원, 기술자가 자신의 직업에 일상적으로 감정적 측면을 개입시킨다고는 생각하지 않는다. 경제 체제가 비인격적인 시계 장치와 같다고 생각하는 관점이 적어도 여기서는 타당해 보인다.

전통적이고 간단한 설명에 따르면, 사람들은 특정한 대상이 돈으로 교환되는 장소 중 하나인 '노동 시장'에서 직업을 구한다. 근로자는 자신의 인력과 급여를 교환하겠다는 계약을 맺는다. 이 과정은 감정에 좌우되지 않으며 모든 관련 거래는 어느 정도 거리를 두고 이루어진다. 이와 같은 간단한 설명에서는, 급여 지불로 인해 근로자의 행동이 회사의 전적인 통제 하에 놓인다는(직접적으로든 관리상의 계층적 구조를 통해서든) 가정이 성립한다. 회사 소유주나 주주들이 모든 근로자의 행동을 궁극적으로 감독하는 주체라고 여겨지는 것이다. 실제로 19세기 후반과 20세기 초반에는, 테일러리즘(Taylorism)이나 포디즘(Fordism), 또는 엄격하고 통제적인 '과학적 관리법' 이론이 회사로 하여금 근로자들을 단순히 또 다른 종류의 도구나 기계로 생각하도록 부추겼다.

친기업 옹호자들이 보기에 이것은 유익한 생각이다. 그들은 시장의 보이지 않는 손이 이러한 고용 상황을 알아서 조정하고, 그럼으로써 최고의 효율성과 최선의 사회적 선이 도출된다고 여긴다. 이 설명에 따르면 회사는 근로자들의 복지에 직접 신경 쓸 필요가 없다. 친기업 옹호자들은 기업이 이윤 창출에 집중하면 나머지는 자동적으로 잘 돌아갈 것이라고 생각한다.

반시장주의 관점을 취하는 자들에게, 고용 관계는 본질적으로 근로자를 소외시키는 자본주의의 특성을 나타내는 징표다. 이들은 자본주의적 임금 관계가 근로자들을 자신의 손과 노력으로 만든 생산품에서 분리시킨다고 말한다. 사회학자 줄리아 오코넬 데이비드슨(Julia O' Connell Davidson)은 자본주의에서 고용주와 피고용인의 관계를 "타인에게 자신의 의지를 따르게 만들기 위해 돈을 지불하는 사람"과 "자신의 의지를 타인에게 종속시킴으로써 돈을 받는 사람" 사이에 이루어지는 지배 관계로 설명했다. 이는 경제를 하나의 기계로 보는 관점에 해당한다.[12]

그러나 이러한 '전통적인 설명'이 과연 정확할까? 과연 근로자와 직장의 관계가 단순히 무조건적인 인력 제공에 대해 돈이 지불되는 시장 거래의 하나라고 말할 수 있을까?

정작 기업의 '내부'를 들여다보면, 신고전주의 경제학자들이 주장한 단순한 설명에 모순이 존재한다는 사실을 알 수 있다. 고전주의 경제학자인 존 스튜어트 밀은 사람들이 가능한

한 '최소한의 노동력과 육체적 금욕'을 투자해 원하는 것을 얻으려 한다고 말했다. 하지만 이것이 사실이라면 문제가 생긴다. 사람들이 사업체의 이익을 위해 일하겠다는 계약을 체결할지라도, 밀의 이론은 그들이 일단 고용된 후에 철저히 감시되지 않으면 꾀를 부리거나 일을 게을리 할 경향이 생길 가능성을 내포하고 있는 것이 아닐까?

회사의 이익을 위해 끈덕진 충성심을 발휘하는 것이 힘들다면, 사람들에게 동기부여를 제공할 다른 무언가가 있어야 한다. 회사는 매 순간 감독관을 옆에 배치함으로써 근로자를 통제하려고 시도할 수도 있다. 아니면 근로자에게 성과급을 지급하거나 생산되는 상품의 질을 감독하는 검열관을 고용함으로써 근로자들을 자극할 수도 있다. 주식회사의 경우 임원들에게 동기부여를 하기 위해 스톡옵션을 제공하거나 여타의 계약 조항을 조절하고, 그들의 부정행위(엔론의 부정행위를 생각해 보라.)를 감시할 감독관을 채용할 수도 있다. 그러나 감독관이나 검열관, 회계 감사원을 채용하기 위해서는 만만치 않은 비용이 들어가고, 또 '그들'이 감독 업무를 잘 수행하는지 감독하기 위해 또 다른 인력을 채용해야 한다. 부대적인 보상과 처벌만 가지고 회사를 경영하려면 상당한 비용을 감수해야 한다.

또한 이러한 방식은 다른 대안들에 비해 비효율적일 수 있다. 위에서 언급한 바와 같이 사람들은 경제적 거래에서 외부적인 동기와 내부적인 동기 모두의 영향을 받는다. 그들은 급여와 같은 보상은 원하고, 해고와 같은 처벌은 피하고 싶어 한다. 그러나 사람들을 또한 자신이 하는 일에 만족감을 느끼고 싶어 하고 직장에서 좋은 대접을 받기를 원한다. 어쩌면 존 스튜어트 밀이 틀린 것일지도 모른다. 고용주에게 존경을 느끼고 자기 일에 자부심을 느끼며 동료와의 관계에서 즐거움을 느낀다면, 사람들은 직장에서 기꺼이 더욱 많은 노력을 쏟을지도 모른다. 고용주가 직원을 단순히 기계의 톱니바퀴로 여기고 그들의 일거수일투족을 감시하는 대신, 그들을 인간으로 대하고 그들의 품위와 사회적·정서적 필요 사항을 인정할 때 더욱 좋은 결과를 불러올 수 있다.

근로자의 행동에 관한 많은 증거들이 이러한 관점을 뒷받침한다. 기업, 인사 관리, 조직의 성격을 연구하는 많은 학자들은, 사람들이 직장 문에 들어서기 전에 사회적 관계, 자신이 중시하는 가치, 충성심, 창의성 등에 대한 욕구를 버리지는 않는다는 사실을 이미 오래전에 알아냈다. 또한 많은 연구자들은 기업이 조직의 위계질서나 통제에 덜 의존하고 사회적·정서적 존재로서 직원들이 갖는 욕구를 고려하여 조직을 구성할 때, 훨씬 더 큰 성공을 이룬다는 점을 발견했다. 예를 들어, 경영학자인 짐 콜린스(Jim Collins)와 제리 포래스(Jerry Porras)는 오랜 기간 크게 성공하는 기업들을 연구한 결과, 그 기업들의 중요한 특징 중 하나가 직원들이 중시하는 가치에 관심을 기울인 것임을 발견했다.

> 사람들은 자신이 자부심을 느낄 수 있는 대상에 소속되고 싶어 하는 근본적인 욕구를 지닌다.…… 그들에게는 방향을 인도해 주는 가치관과 목적의식이 근본적으로 필요하다.…… 또한 그들은 다른 사람들과의 관계에 대한 필요를 느낀다.…… 직원들은 업무상의 자율권을 원하는 동시에, 자신이 몸담은 조직이 대단한 무언가를 '지향하기를' 바란다.[13]

조직의 행동을 연구한 많은 경영자들과 전문가들은, 사람들이 끊임없는 통제가 필요한 잠재적 업무 태만자로 취급받을 때보다, 지지와 격려를 받고 일정 수준의 권한을 부여받으며 창의성을 발휘할 여지가 있을 때 훨씬 높은 성과를 낸다는 데에 동의한다. 누구나 진정한 인간으로 대우받기를 원한다. 그들은 자신이 가진 고유한 관심사나 능력이 존중받기를 바라는 동시에, 자신보다 더욱 큰 존재, 노력과 충성심을 쏟을 가치가 있는 존재와 늘 연결되어 있기를 바란다.

　공장의 조립 라인에서 일하는 근로자의 경우도 마찬가지다. 그들은 자신이 생산하는 제품에 자부심을 느끼고, 회사가 근로자의 작업 속도나 시간, 집안일로 인한 휴가 등의 사안에 적절한 반응을 보인다고 생각할 때, 더 열심히 일할 수 있다. 판매 사원이나 기술자는 보살핌이라는 동기 때문에 일하는 것은 아니지만, 직장에서 느끼는 충성심이나 자긍심은 그들이 하는 일에서 중대한 역할을 한다. 나는 내 아이가 학생을 진정으로 염려하지 않는 선생님에게 교육받기를 원하지 않는 것처럼, 자신이 한 작업의 품질에 대하여 신경 쓰지 않는 기술자가 설계한 다리를 내 아이가 건너게 하고 싶지도 않다.

　지독한 회의주의자들은, 직원의 사회적 필요와 가치를 고려한 고용 체제가 급여를 중심으로만 운영되는 체제보다 훨씬 나쁘다고 주장할지도 모른다. 그들은 이제 고용주가 직원들의 표면적 활동을 통제할 뿐 아니라, 그들의 감정까지 이용하거나 조작할 것이라고 생각한다. 물론 몇몇 경우에는 이러한 주장이 사실일 것이다. 타인의 이익은 전혀 아랑곳하지 않고 자기 이익에만 관심 있는 사람들이 '탁월함'이나 '가치관' 같은 것을 내세우는 모습을 지켜보면서 나 역시 회의감을 느낄 때가 있다. 그러나 나는 그러한 주장이나 노력이 '항상' 거짓된 것이라고는 생각하지 않는다.

경제를 기계로 보는 관점에는 권력 관계 내에서의 충성, 성실, 존경과 같은 요소들이 들어설 자리가 없다. 따라서 기계적 관점에 기초한 철학과 사회과학의 논의들에서는 인간관계가 극히 제한된 범위로만 다루어진다. 여기서는 관계가 오로지 두 가지의 극단적인 유형으로만 한정된다.

첫 번째는 어느 정도의 거리를 유지하면서 이루어지는 관계다. 이 경우의 관계는 차갑고 계약에 의거한 것이며, 양측은 비교적 평등한 수준의 법적인 권리를 가진다. 전통적인 경제학자들은 이러한 종류의 관계가 시장에서의 상호 관계를 규정짓는다고 생각한다. 완전히 민주적인 정부나 모든 구성원이 동등한 권력과 자원을 배분받는 직장의 이미지를 이상적인 모델로 삼는 정치 이론가들도 그와 비슷한 관점을 취하고 있다.

두 번째는 위계적인 관계다. 위계질서 내에서는, 더 적은 권력과 자원을 가진 자가 더 많은 권력을 가진 자에게 복종하는 위치에 놓인다. 자본주의에서 근로자들이 필연적으로 소외된다고 믿는 정치 이론가들은, 상사와 부하의 관계에서는 불가피하게 약자를 경시하는 특성이 나타날 수밖에 없다고 여긴다. 이러한 두 가지 유형의 관계에서는, 관계의 질이라는 것이 그 관계와 무관한 외부적인 기준과 권력 격차에 따른 특성에 의해서만 평가된다. 하나의 기계 내에서 작용하는 서로 다른 힘들에 대해 이야기할 때처럼 말이다. 시장을 비판하는 많은 정치 이론가들은, 직장 생활에는 권력이 엄격하게 민주적으로 행사되는 방식(근로자 자주 관리 기업과 같은 방식) 또는 위압적인 위계질서 방식(자본주의 체제의 방식), 이 두 가지밖에 없다고 생각한다.

경제를 기계로 보는 관점을 넘어서야 관계의 정서적인 부분과 "권력이 행사되는 질적인 방식"에 주의를 기울일 수 있다. 이때 돈과 보살핌 활동에 대해 앞에서 논의한 점들이 새로운 가능성을 그리는 데 도움이 된다. 예를 들어, 유치원 선생님과 아이의 관계에서는 선생님이 아이보다 더 많은 권력을 가지므로 선생님이 하루 일과를 관리한다. 마찬가지로, 간호사와 병세가 심한 환자의 관계에서는, 간호사가 더 많은 권력을 가지며 주사 놓는 때를 결정하거나 보류한다.

이러한 관계들이 건전할 경우에, 이들이 가지는 권력은 지배나 통제가 아니다. 우리는 (적어도 바람직한 경우라면) 아이나 환자를 선생님이나 간호사가 조종하는 단순한 복종적인 도구로 생각하지 않는다. 이러한 관계에서는 권력의 적절한 분배가 보육과 건강이라는 목표를 위해 오히려 좋은 역할을 한다. 우리는 아이가 길을 건널 때 아이에게 결정하지 못하게 하거나, 환자가 모르핀을 무한정 맞고 싶어 할 때 그렇게 하지 못하게 할 타당한 이유를 가지고 있다. 이러한 관계에는 권력이 엄격하게 평등화되어 있진 않으며, 존중과 애정(heart)이라는 특성이 있다.

그렇다면 기업과 산업체의 업무 그룹은 어떨까? 각기 자신만의 존엄성을 지니며 각각 여타 종류의 협업 프로젝트에 속해 있는 사람들 사이에서 적절한 권력 분배가 가능할까? 그룹을 인솔하는 리더는 판매 캠페인을 준비하거나 다리를 설계하는 등의 업무가 제대로 이뤄지고 있는지 점검해야 한다. 때로는 직원들이 원하지 않는 결정도 내려야 한다. 하지만 그렇다고 해서 리더들이 그들 자신의 정서적·관계적 능력, 즉 마음을 개입시키지 말아야 한다는 뜻은 아니다. 또한 업무 지휘관들이 그저 이런저런 명령만 내리고 나서 업무가 훌륭히 완수되기를 기대할 수 있다는 뜻도 아니다.

최근 많은 기업 연구에서 나타나고 있듯이, 훌륭한 경영에는 자금 조달이나 분석 등과 관련된 '딱딱한 기술(hard skill)'뿐만 아니라 업무 처리의 사회적·정서적 측면을 다루는 '부드러운 기술(soft skill)' 또한 필요하다. 단순히 기계적인 관점에서 관계를 바라볼 것이 아니라 피와 살을 가진 사람들 사이의 '인간관계'로 생각하면 모든 종류의 업무 관계에서 존중과 존엄을 발견할 수 있는 가능성이 열린다.

개인에서 조직으로

우리는 어린아이나 곤궁한 사람들을 깊이 염려하는 동시에, 경제적 착취를 피하기 위해 건전한 이기심을 가질 수 있다. 또한 우리는 회사나 산업체에서 '돈을 벌기 위해' 일하면서도 자신이 중시하는 가치나 인간의 사회적·정서적 특성을 업무 영역으로 끌어들일 수도 있다.

이번 장에서 우리는 개인적인 동기와 작은 규모의 상호 관계라는 맥락 내에서 사랑과 돈이 서로 대립하는 것이 아니라는 점을 살펴보았다. 그러나 '구조적' 또는 '조직적' 단계로 옮겨가면 거기에는 보다 큰 규모의 경제적 힘이 관여한다. 가장 정직하고 자신의 본래적 동기에 따라 행동하는 개인, 또는 훌륭한 지휘를 받는 협력적인 분위기의 업무 그룹이라 할지라도, 결국 어떤 '시스템에 의한' 힘(예컨대 이윤 극대화라는 압력 같은 것)에 굴복할 수밖에 없을 것이라고 많은 이들이 주장한다. 따라서 다음 장에서는 조직 차원에서 행동에 관한 문제를 살펴보려고 한다. 기업과 시장에 관해 논의할 때, 우리는 여전히 경제를 고동치는 심장을 지닌 존재가 아니라 하나의 거대한 기계로 봐야 하는가?

5장

이기적 조직 속에서

'사랑 대 돈'의 경제학

조직의 복잡성

앞 장에서는 개인과 개인의 동기, 개인들 간의 상호 관계를 다루었다. 사람들은 일반적으로 개인이 도덕과 관계에 대한 감수성을 지니고 있다는 사실은 큰 저항 없이 받아들인다. 우리는 개인들이 자신의 목표를 선정하고 그것을 추구하는 과정에서 종종 큰 딜레마와 어려운 선택에 직면한다는 사실도 인정한다. 또한 우리는 사람들이 때때로 타인을 상당히 배려한다는 점 또한 알고 있다. 앞 장은 인간이 '경제적' 상황에 처하는 경우에도 그러한 개인적 면모들이 그냥 사라져버리는 것은 아니라는 내용을 다루었다.

그러나 규모가 큰 조직, 특히 대기업의 경우, 조직이 그러한 윤리적 감수성과 배려하는 마음을 갖고 있다고 한다면 대부분의 사람들이 그렇지 않다고 부인할 것이다. 또 조직이 목표에 관하여 딜레마에 빠진다고 하면 역시 다수가 그렇지 않다고 할 것이다. 영리를 추구하는 조직은 오로지 최대 이윤 창출만을 유일한 목표로 삼아야 한다고 그들은 말한다(그 여러 이유는 아래에서 살펴보겠다.).

친기업 옹호자들은 이른바 영리 기업의 능률을 지나치게 찬미하는 경향이 있다. 이들은 비영리 기관이나 정부 기관이 영리 추구 조직에 비해 규율도 부족하고 비경제적이라고 간주한다. 반면 반시장 옹호자들은 영리 추구 조직을 탐욕스럽다고 여기는 경향이 있으며, 이에 반해 비영리 기관과 정부에게는 너그러운 시선을 보낸다. 반시장 옹호자들은 비영리 조직이 응당 설립 취지문에 명시되어 있는 비금전적이며 봉사 지향적인 목표에 초점을 맞출 것이라고 믿는다. 또한 그들은 정부 기관이 '공공선'을 추구하리라고 믿는다.

예를 들어, 나는 앞 장에서 세 병원을 언급했다. 나의 반시장 옹호자 친구들 대부분은 그중 두 개 병원을 영리 추구 기관이라고 생각할 것이다. 내 언니를 부려먹은 대규모 병원과 간호사들을 착취한 브록턴 병원이 가장 유망한 후보로 보일 것이다. "이윤에만 관심이 있다."라는 사실이 직원에 대한 해당 병원들의 태도를 잘 설명해 주는 것 같다. 반면, 내 친구들은 직원 복지에 신경을 썼던 소규모 병원은 비영리 기관이나 정부 기관이라고 생각할 것이다. 이 소규모 병원이 대규모 병원보다 환자 만족도 평가에서 더 높은 순위를 차지했다고 말해 주면(환자 수가 같았음에도 불구하고), 그러한 추측은 더욱 확고해질 것이다.

사실, 내 언니의 이야기에 등장하는 병원들 가운데 영리 추구 기관은 직원과 환자 만족도가 높은 병원이다. 그 가운데 정부 기관은 그녀를 부려먹은 카운티 병원이다. 세 병원 중 비영리 기관은 사실 브록턴 병원인데, 그 병원의 경영진은 간호사들을 착취했고 공개적으로 비난하기도 했다. 어떻게 이럴 수가 있을까?

현실적으로 우리는 조직의 목적이나 강령을 담은 문서만 보고 그 조직이 어떻게 행동할 것인지 판단을 내리기는 힘들다. 그리고 이러한 점을 입증하는 일화적 증거 이상이 존재한다. 일부 실증적 연구들은 보건 서비스의 평균적인 질이 비영리 병원보다 영리 병원에서 더 낮을 수 있음을 나타낸 반면, 또 다른 연구들은 서비스의 질에 차이가 거의 없다고 했다.[1] 보육 센터에 대한 한 대규모 연구는 다수의 평균적 서비스 질 평가에서 세 개 주의 영리 추구 센터와 비영리 센터 사이에 차이가 전혀 없다는 사실을 발견했다. 정부 규제가 다소 덜했던 네 번째 주에서는 비영리 센터가 평균적으로 더 좋은 성과를 보였다. 같은 연구에서, 교회가 운영하는 비영리 센터들은 다른 비영리 센터들보다 더 형편없었다(교회가 특히 '이타적인' 단체라고 여기는 사람들은 상상도 못할 일이다).[2]

평균은 영리 조직, 비영리 조직, 정부 부문 내에 존재하는 상당한 정도의 편차를 덮어버린다. (나는 통계학 수업 시간에 평균 20여 센티미터 깊이의 개울을 건너려다 빠져 죽은 통계학자 이야기를 들려주면서 이 점을 강조하곤 했다.) 여러 병원을 연구한 한 연구에서는 영리 병원과 비영리 병원 간의 평균 사망률 차이가 '영리 추구 여부와 상관없이 사망률 편차가 엄청나기' 때문에 무의미하였다.[3] 즉, 평균적으로는 비영리 병원이 더 낫다 하더라도 열악한 비영리 병원과 우수한 영리 병원의 예는 여전히 찾을 수 있다는 얘기다.

또한 기업을 감시하는 활동가들은 서비스의 질과 사회적 책임에 대한 헌신이 기업마다 크게 다를 수 있다는 사실을 잘 알고 있다. 이를테면, 기업의 사회적 책임에 관한 문제를 제기하기 위해 노력하는 활동가들은 천차만별의 응답에 맞닥뜨린다고 말한다. 일부 영리 기업들은 비교적 기꺼이 운영 방식에 변화를 주거나, 업계 내에서 종업원 문제, 지역 사회 현안,

환경 문제 등에 솔선한다.

예를 들어 갭(Gap Inc.)은 자사의 규범 위반 사례에 관한 보고서를 비롯하여, 전 세계에 있는 자사 공장에서의 노동 조건에 관해 이례적으로 정직한 보고서를 발표하여 최근 사회적 책임상(償)을 수상했다. 반면 어떤 회사들은 사회적 책임 옹호자들과는 높은 담을 쌓고 자신들이 야기하고 있는 피해는 못 본 척한다. 예컨대 갭이 수상할 즈음 또 다른 의류업체인 신타스(Cintas)는 전혀 다른 방침을 택했다. 신타스는 자사 공장의 노동 조건을 조사하라는 주주의 요구에 대하여 그 주주를 명예 훼손으로 고소하는 대응 태도를 보였다.

인간 조직에는 너무나 많은 다양성이 존재하기 때문에 그러한 조직들을 극히 단순한 공식으로 압축해 규정짓기는 불가능하다. 조직의 리더와 종업원들이 추구하고자 하는 목표, 그리고 그러한 목표의 달성에 있어서 조직의 성패 정도는 천차만별이다.

그렇다면 조직은 왜 오늘날과 같이 움직이게 된 것일까? 이를 설명하기 위해서는 조직이 처한 외압 및 내부 구조를 모두 살펴볼 필요가 있다. 친기업 옹호자와 반시장주의자 모두 영리 추구 기업을 외부 압력에 의해 어쩔 수 없이 이윤 극대화에 내몰린 조직으로 본다. 나는 이러한 주장을 상세하게 살펴본 다음, 조직 내에서 동기가 어떻게 행동으로 전환되는가에 관한 주제를 다루려고 한다.

이윤이란 무엇인가?

이윤이란 말은 편파적인 감정이 실린 단어가 되어 버린 데다, 경제를 기계로 보는 비유에 의해 너무나 훼손되어서 경제학과 윤리학에 대한 논의에서 그 유용성을 거의 상실했다. 한편에서는 자본주의 찬미자들이 이윤은 '부의 창출'에 대한 동기가 되기 때문에 경이롭다고 주장한다. 이윤이라는 동인은 일찍이 이룩한 위대한 경제 발달과 성장의 이면에 놓여 있는 거의 마법과도 같은 원동력으로 간주된다. 또 다른 한편에서는 자본주의 비판가들이 이윤 창출을 탐욕과 착취의 동의어로 취급한다. 그들은 이윤 창출이 부당한 부의 축적과 노동자 탄압을 초래할 뿐이라고 생각한다. 또한 그들은 이윤 지향적 기업이 애당초 도덕적으로 타락한 상태라고 믿는다. 이러한 양 극단 간의 대화 시도는, 이들이 이윤 추구 경제가 자동적으로 초래하는 것이 무엇인가에 대해 정반대의 믿음을 가지고 있기 때문에 실패한다.

그러나 우리는 이윤의 본질을 좀더 가치중립적으로 표현할 수 있으며, 이는 양측의 대화가 어떻게 가능한지 이해하는 데 도움이 된다. 어떤 행동이 애초에 들어간 투자보다 더욱 큰 가치를 지닌 무언가를 만들어내면, 그것은 이윤을 창출하는 행동이다. 이런 의미에서 '수익성'은 일반적으로 긍정적인 단어다. 어떤 회의에서 얻은 결과가 회의에 투자한 시간만큼 가치가 있다면 그 회의는 이윤을 창출한 행동이다. 근시인 나로서는 원료 상태의 플라스틱과 금속을 투입하여 안경을 만드는 사람들에게 감사하지 않을 수 없는데, 나에게 안경은 원료보다 훨씬 큰 가치를 지니는 물건이기 때문이다. 나는 내가 쓰는 책이 각 쪽에 투입된 잉크와 종이 그리고 시간보다 더욱 큰 가치를 지니게 되기를 바라면서 지금 이 글을 쓰고 있다. 반대로, '비이윤적(unprofitable) 행동'은 가치를 파괴하는 (또는 적어도 부가가치를 전혀 창출하지 않는) 낭비에 지나지 않는다.

중요한 문제는 이윤 그 자체가 아니라 '가치'를 어떻게 측정할 것인가라는 점을 인식한다면, 친기업과 반시장, 이 양극단 사이의 거대한 틈을 다소 좁힐 수 있다는 것이다.

시장 찬미자들의 관점은 시장 가격이 진정한 사회적 가치를 반영한다는 다소 이치에 맞지 않는 가정에 근거를 두고 있다. 이들의 주장이 옳으려면, 이윤을 남기고 팔 수 있는 모든 재화나 용역이 사회의 실제 부를 증가시킨다는 말이 참이 되어야 한다. 그러나 이에 반하는 예를 찾기는 매우 쉽다. 어떤 사람들은 이윤율이 매우 높은 동시에 사회에 해악을 끼치는 생산품으로서 담배, 대량 광고를 내보내는 정크 푸드, 환경오염을 일으키는 SUV, 폭력적인 텔레비전 프로그램, 자동화 무기 같은 품목을 들 것이다. 또 어떤 사람들은 성적으로 부도덕하다고 여겨지는 텔레비전 프로그램, 마이클 무어(Michael Moore)의 영화, 또는 이 책을 사회적 이익보다 시장 가격이 높은 상품으로 분류할지도 모른다. 이윤을 남기고 팔 수 있는 모든 생산물이 실제로 다 좋은 것만은 아니다.

시장 찬미자들의 관점이 지닌 또 다른 문제점은 시장 가격이 지불할 돈이 있는 자들의 기호만 반영한다는 사실을 간과한다는 것이다. 세상의 공급이 순전히 시장에만 좌우되는 한, 부자들이 캐비아를 먹을 때 가난한 아이들은 예방 주사와 깨끗한 물이 없어서 죽어갈 것이다. 따라서 시장 가격은 사회적 가치가 아니라 개인적 가치를 반영한다. 마지막으로, 시장 찬미자들은 큰 이윤이 누구에게 떨어지든 내버려두어도 사회적으로 아무런 문제가 없다고 태평스럽게 생각해 버린다. 즉 제2, 제3의 빌 게이츠(Bill Gates)들을 시장이 그들에게 부여하는 만큼 개인적 부를 축적하게 내버려두어야 한다는 것이다.

시장 비판가들은 시장 가치가 인간의 가치와 다를 수 있으며 부의 분배가 매우 불공평하게 이루어지면 부의 창출이 사회적으로 부정적인 영향을 미칠 수 있다는 점을 인지함으로써 좀더 통찰력 있는 면모를 보인다. 그러나 모든 이윤 창출이 나쁘다고 말하는 것은 황금 알을 낳는 거위를 죽이라는 말과 다름없다. 윤리적으로 의식 있는 사람들이라면 그렇게 말할 것이 아니라, 이윤 창출 활동이 금전적으로뿐 아니라 사회적으로도 이익을 가져다주어야 하며 부 창출 활동에서 얻은 이익이 공정하게 그리고 사회에 해로운 권력 집중 현상을 야기하지 않는 방식으로 분배되어야 한다고 주장해야 한다. 이것이 훨씬 더 합리적인 주장이다. 이러한 주장은 경제 행위자들 모두의 사회적 책임에 대한 질문을 던지게 하며, 단순히 "대기업은 나쁘다."라고 비난하는 태도를 버리게 만든다.

재정적 이윤 동기를 경제와 사회생활에 영향을 미치는 여러 요인 중 하나로 본다면, 우리는 이윤이 사회적 선에 기여하게 만드는 방법에 관한 논의의 토대를 찾을 수 있다. 그러나 슬프게도 시장 옹호자들과 기업 비판가들은 모두 하나같이 기업이 본질적으로 단 하나의 목표, 즉 이윤 극대화를 추구할 수밖에 없다고 생각한다.

'이질적' 기업이라는 개념

　기업은 다른 목적이야 어떻게 되든 100퍼센트 '이윤 극대화'에만 몰입한다는 생각은 대개 사실로 통용되고 있다. 나의 주류 경제학자 동료들이 어째서 기업의 인간적 특성과 사회적 특성을 간과하는지 이해할 만하다. 조직은 실제적이며 복잡한 인간 존재의 문제, 그리고 사람, 정보, 운영 방식에 대한 관리라는 사회적이고 병술적인 문제를 수반한다. 이 때문에 조직은 우아한 수학적 분석을 뽐내는 학문 분야가(즉, 경제학이) 다루기에는 너무 구체적이고 복잡하며 귀찮은 대상이 되어 버린다. 분석 대상이 이상화된 하나의 독립적 기업이라고 간주하고, 그 기업의 유일한 활동이 수학적 이윤 함수가 최대가 되는 생산량을 찾아내는 것이라고 생각해 버리면 얼마나 편하겠는가! 신고전주의 경제학자들에게 기업이 '무엇'이며 '무슨 일'을 하는가 하는 문제는, 재정적 수익과 비용, 그리고 둘 사이의 차액에 대한 기본적 계산을 복잡하게 공식화하여 다루는 문제로 정리된다.[4]

　"기업은 이윤을 극대화한다."라는 말은 경제학자들이 오랜 세월 실제로 기업들을 깊이 연구한 결과 널리 알려진 말이 아니다. 이 말은 뒤에서도 논하겠지만 법에 근거한 것도 아니다. 이 말은 계산법의 적용을 가능케 하기 때문에 경제학자들이 선호하게 된 개념일 뿐이다. 또한 이 말은 무리없이 기능하는 완전 경쟁 시장이라는 신화적 이상의 일부에 해당하는 개념이다. 이 말은 경제를 거대한 기계 내지는 시계 장치로 보는 시각이 당연하게 받아들여지는 것만큼이나 우리 사회에 만연해 있다.

계산 편향적인 동료는 그렇다 치더라도, 그 밖의 다른 사람들마저도 어째서 기업이 한 가지 목적에만 전념한다는 생각을 그토록 심각하게 받아들이는지 다소 곤혹스럽다. 그저 일상적으로 관찰해 보더라도 기업은 무리 없이 운영되는 이윤 극대화 기계와는 거리가 멀다. 오히려 다수의 회사들은, 주주를 위한 최상의 거래를 따내는 것보다 자신의 봉급과 직위의 장기 유지에 훨씬 더 관심이 많은(때로는 인간적인) 경영자에 의해 운영된다.

나는 사람들이 엔론이나 월드콤, 그 외 여러 기업의 스캔들을 보면서 기업 경영자들이 항상 주주 전체의 이익을 중요시할 것이라는 생각에 의문을 품을 것이라 생각한다! 한편 어떤 회사들은 이윤 자체보다 성장이나 혁신(이를테면 아마존닷컴(Amazon.com)이나 월마트(Walmart)를 떠올려보라.) 또는 첨단 기술의 선도적 위치를 선점하는 데 더욱 초점을 맞추는 듯하다.

내가 보기엔 많은 최고 경영자들의 경우 《포춘》 표지에 등장하려는 지위 추구 목적이 큰 역할을 하는 것 같다. 또 어떤 기업들은 직원 만족도 향상이나 지역 사회에서의 긍정적 평판과 같은 눈에 보이지 않는 장기적인 목적을 위해 주주들의 단기적 이익을 포기하는 결정을 공개적으로 명백하게 내린다. 그러나 또 어떤 기업들은 너무 형편없고 무질서하게 운영되어서 그들이 지닌 목표를 알아보는 것 자체가 어렵기도 하다.

그러나 시장 비판가들 또한 '이윤 극대화' 주의를 붙잡고 늘어진다. 시장 비판가들의 말을 들어보면 대충 이렇다. 기업은 종업원이나 지역 사회 또는 환경을 고려할 수가 없고, 이는 기업이 법률상 이윤을 극대화해야만 하기 때문이다. 게다가 기업이 모종의 이유 때문에 더욱 큰 사회적 책임이나 환경적 책임을 지기 위해 초과 비용을 기꺼이 감수하려는 의지를 갖고 있더라도, 이는 실현되지 않을 것이다. 경쟁 시장에서는 가장 가차없이 비용 절감을 단행하고 이윤을 지향하는 기업만이 생존할 것이고, 윤리적 책임을 지려는 기업은 문을 닫을 것이기 때문이다. 이처럼 법적 강제와 경쟁 시장의 압력은 기업으로 하여금 인간과 그 밖의 생명체들이 어떤 희생을 치르든 상관없이 탐욕적으로 이윤을 극대화하도록 내몬다. 이처럼 상업적 이익은 본질적으로 인간의 이익과 정면으로 대립할 수밖에 없다.

2장에서 언급했듯이 데이비드 코튼은 기업을 '이질적 존재' 혹은 '기계'로 간주한다. 그는 이렇게 썼다.

> 교묘하게 조작된 홍보 이미지 그리고 기업체가 고용하고 있는 다수의 훌륭하고 윤리적인 사람들의 이면을 보면, 기업의 몸통은 기업 헌장과 법률 문서이고, 돈은 기업의 몸 안에 흐르는 피다. 그 핵심에는 하나의 목적, 즉 자신을 먹여 살릴 돈을 번식시키는 목적을 가진 이질적 실체가 버티고 있다.[5]

코튼은 기업이 사람들로 이루어진 조직 이상의 어떤 존재, 인간의 열망과 조화되지 않는 이질적인 힘에 의해 움직이는 존재라고 끊임없이 강조한다.

이러한 관점의 흥미로운 점은 증거로 반박할 수가 없다는 것이다. 사회적으로 책임감 있는 기업의 행동을 예로써 지적한다면 어떨까? "홍보 쇼에 지나지 않는다."라고 비판가들은 응수할 것이다. 또는 "일시적인 행동일 뿐이다. 냉혹한 시장 경쟁의 힘에 떠밀려 그 기업은 다시 원래대로 돌아갈 것이다."라고 말할 것이다. 어떠한 이론이 반박 증거를 토대로 검증될 수 있어야만 그것이 학문적으로 타당한 것이라고 할 수 있다(사회과학도 마찬가지다.). 본질적으로 증거에 영향을 받지 않는 견해는 사회과학 이론이 아니라 하나의 가정이나 믿음 또는 독단에 지나지 않는다.

이 주장의 중심에는 기업이 법률과 시장 압력 때문에 이윤 극대화를 추구할 수밖에 없다는 믿음이 자리 잡고 있다. 이제부터 그 진상을 살펴보자.

기업은 법적 강제에 의해 내몰리는가?

기업은 법률적으로 유구하고 복잡한 역사를 가지고 있다. 오늘날은 일단의 사람들이 법인 설립 허가서(또는 법인 정관)를 해당 정부 기관에 제출하면 기업이 존재하게 된다. 미국의 경우 이 업무는 주로 주(州) 정부가 맡는다. 허가서에는 법인명, 목표, 이사회 명단, 발행할 주식의 종류, 기타 조항 같은 세부 사항이 들어 있다. 해당 사업에 금융 자본을 투자한 주주들이 그 법인의 궁극적 주인이다. 회사가 실적이 좋아서 이윤을 남기면, 주주들은 배당금이나 시세가 상승한 주식으로 자신이 투자한 금액에 대한 수익을 받게 된다. (임명 또는 선출된) 이사회는 회사의 (대개는 고용된) 최고 경영진을 이끌도록

되어 있다.

기업에게 '이윤을 극대화' 하거나 '주주에게 가능한 최고 수익을 가져다주어야 한다'라는 법적 의무가 있다면, 이러한 사항이 법전의 눈에 잘 띄는 어딘가에 언급되어 있을 것이라고 생각되지 않는가? 그러나 실제로 관련 주법을 들여다보면, 그 내용이 아주 모호하다는 것을 알게 된다. 일반적으로 법인의 규정에는 단순히 회사의 목적이 상업이나 무역업에 종사하는 것이라고만 명시되어 있다. 많은 미국 기업들은 법인 규정상 얻을 수 있는 이점 때문에 설립 장소로 델라웨어 주를 선택한다. 델라웨어의 기업법 중 기업의 설립과 목적에 관한 부분을 보면, 이윤이라든가 수익이란 말은 어디에도 나와 있지 않다. 개별 법인의 설립 기준을 명시한 조항은 훨씬 더 모호해서, 주법이 허용하는 '합법적 행위나 활동에 종사하는 것'이라고 되어 있을 뿐이다.

법정에서는 이러한 법규를 어떻게 해석하고 있는지 알아보려면 판례법을 살펴보면 된다. 설령 법규에 분명하게 명시되어 있지 않다 해도 법정은 '이윤 극대화'를 실행하라고 강제하지 않을까?

판례법에서는 법인의 이사와 경영자에게 해당 법인에 대한 '신의성실의 의무(충성 또는 관리의 의무)'가 있다고 명시해 놓았다. 이는 이사와 경영자가 주주에게 돌아가는 수익을 극대화해야 한다는 뜻으로 해석되는 경우가 많다. 그러나 이사의 의무를 기술해 놓은 부분을 보면, 이사는 '해당 법인에게 가장 이로울 것이라고 마땅히 생각되는 방식으로' 행동해야 한다는 의무가 적혀 있다.[6] 이 역시 굉장히 모호한 표현이다. 여기서 '법인'이 주주만을 일컫는 것인지, '해당 법인의 이익'에 이바지한다는 것이 이윤 극대화를 의미하는 것인지 여부는 명시되어 있지 않다.

이윤 극대화 관점의 지지자들은 1919년 미시간 주에서 판결이 났던 도지 대 포드(Dodge vs. Ford) 사건을 자주 인용한다. 포드 사의 대주주였던 헨리 포드(Henry Ford)는 주주들에게 특별 배당금을 지급하는 대신 당시 가용할 수 있는 자금으로 생산 능력과 고용을 늘리기로 결정했다. 이로써 차를 더욱 저렴하게 만들면 소득 수준이 낮은 가정도 차를 구입할 수 있으리라는 생각에서였다. 소주주인 도지 형제는 소송을 제기하였다. 미시간 법정은 포드가 이타적 목적을 추구하고자 한다면 "법인의 자금이 아니라 자비로 해야 한다."[7]라고 하면서 원고 승소 판결을 내렸다. "회사 법인은 본래 주주의 이윤을 목적으로 조직되고 운영된다."라고 법정은 판결하였다. 또한 법정은 "이사들의 재량권은 회사 목표 자체의 변경이나 이윤

축소에까지, 또는 다른 목적에 전용하기 위하여 주주에게 이윤을 분배하지 않는 것까지 확대되지는 않는다."[8]라고 이어 나갔다. 이러한 법정 공방의 결과를 증거로 이용하여, 이윤 극대화 관점 지지자들은 기업 경영자나 이사가 이 같은 규범을 위반하면 주주들에 의해 이런저런 일로 고소당하게 된다는 이미지를 보여주고 싶어 한다. 기업의 임원이 일부 수익을 근무 여건 개선이나 환경 보호에 사용한다고 치자. 이런! 그는 감옥행 아니면 해고, 또는 이사회 사퇴에 직면하게 될 것이다. 안전하게 합법적으로 임원 노릇을 하는 유일한 방법은 사회적 책임을 등한시하는 것인 듯 보인다.[9]

도시 대 포드 판결은 '기업 자본주의'의 법률적 토대로 자주 인용되기는 하나, 법적 분쟁과 기업 진화의 유구한 역사에서 아주 작은 단편적인 사례일 뿐이며 게다가 너무 오래전 일이다.[10] 도지 대 포드 사건에 대한 일반적 해석과는 분명 상반되지만, 법학자들은 오늘날 미국에서 "광범위한 이익 단체들을 고려할 수 있음을 각 주에서 암묵적으로 인정"하고 있으며 "현존하는 그 어떤 주의 기업법도 이사가 '오로지' 주주에 대해서만 신의성실의 의무를 져야 한다고 명시하지는 않는다."[11]라고 언급한다. 심지어 델라웨어에서도 중요한 판례법은 기업 이사들에게 다른 이익을 고려할 수 있는 권리가 있다고 인

정하고 있다.[12]

더욱이 현재 32개 주에는 '이해관계단체법규'가 존재하는데, 이 법규는 이사회가 책임져야 할 집단의 범위를 확대함으로써 기업 이사들의 의무를 명시적으로 예전과 다르게 변화시켰다. 예를 들어, 미네소타 주에서는 이사들이 그 이익을 고려할 수 있는 집단의 범주를 "기업의 종업원, 고객, 공급 업체, 채권자, 주 경제 및 국가 경제, 지역 사회 및 전체 사회와 관련된 고려 사항, 기업 및 주주의 단기 이익과 장기 이익"[13] 이라고 법규에 명시하고 있다.

기업은 주주들을 위해 이윤의 마지막 한 방울까지 짜내기 위해서 윤리적 문제들을 옆으로 제쳐둘 수밖에 없는 법적 강제에 직면해 있는가? 미국법률협회(ALI)에서는 "윤리적 고려 사항에 근거하여 의사 결정을 내림으로써 기업의 이윤이나 주주의 수익을 높이지 못한다 하더라도 기업들은 종종 그러한 결정을 내린다. 그러한 행동은 적절할 뿐만 아니라 바람직한 것이다."[14]라고 말한다. 현대의 법전을 폭넓게 읽어보면 기업이 단순히 주주 가치만을 극대화해야 한다고 쓰여 있지 않다는 것을 알 수 있다.

그렇다면 도대체 법률은 기업의 행동에 실질적으로 어느 정도의 영향을 끼치는가 하는 의문이 생긴다. 사람들은 어느 순간 갑자기 법을 준수하게 되는 것은 아니며, 특히 법에 대한 해석에 논쟁의 여지가 있거나(위의 사건처럼) 또는 법의 집행이 그다지 엄격하게 이루어지지 않는다면 더욱 그러하다. 법학자인 D. 고든 스미스(D. Gordon Smith)는 기업이 주주 이익에 봉사하는 데만 몰두한다는 생각을 기꺼이 받아들이는 동료 학자들의 태도가 놀랍다고 말한다. 의무 불이행으로 이사들을 고소하는 주주에 관한 판례법을 보면, 주주들이 상당히 힘들게 고투한다는 사실을 알 수 있다고 스미스는 지적한다. 이사들은 실제로 자신들의 결정이 좋지 못한 성과를 초래했더라도, 태만했다는 비난을 모면하기 위하여 자신이 행위가 '합리적인 사업 목표'를 추구하는 과정이었다는 것만 보여주면 될 뿐이다.[15]

어쩌면 이보다 훨씬 더 중요하게 주목해야 할 것은 기업 중역들 사이에서도 의무에 대한 이해 정도가 제각각이라는 점이다. 한 조사에 따르면 주주에게만 의무감을 느낀다는 중역은 소수에 지나지 않았고, 하나 이상의 이해 집단에 대하여 의무감을 느낀다는 중역들이 대부분이었다.[16] 경영학자인 짐 콜린스와 제리 포래스는 성공하는 기업들에 대한 연구 조사에서, "'주주의 부 극대화' 또는 '이윤 극대화'는 우리가 연구한 이상적인 기업들의 주요 원동력도 일차적 목표도 아니었다."[17]라고 밝혔다. 예를 들면, 품질 좋은 상품이나 서비스를 합리적인 또는 공정한 가격에 제공하는 것이 성공하는 기업에서 공통적으로 드러난 동기였다고 한다. 이러한 회사들은 모두 해당 업계의 선도 기업이었고 최소 50년 이상의 역사를 가지고 있었다. 이 회사들의 경영자들은 주주들을 위해 마지막 1달러까지 그러모아야 한다는 소위 법적인 단독 '의무'에 소홀했다는 이유로 고소를 당하거나 해고를 당한 적이 없었다.

마지막으로 시기(timing)에 대한 문제, 그리고 '주주 이익'이란 무엇인가라는 중요한 문제가 남는다. 이윤 극대화 관점에서 주주들은 금전적 이익, 아마도 목전의 금전적 이익에만 관심이 있는 것으로 간주된다. 그러나 점점 고갈되어 가는 화석 연료에 대한 지나친 의존과 그로 인한 지구 기후 변화 문제를 생각해 볼 때, 대다수의 주주들이 석유와 천연 가스에 대한 우리의 의존도를 감소시키는 문제에 어떻게 장기적 관심을 갖지 않을 수 있겠는가? 개인이라면 아마 최소한 자기 후손들의 미래라도 걱정할 것이다. 또한 요즈음 기업 주식을 보유하고 있는 많은 연금 기금과 보험 회사의 경우 당신과 나를 포함한 우리 모두가 궁극적인 주주이다.

이윤을 내기 위한 충분하고 성실한 노력도 분명 기업 경영인의 중요한 여러 임무 가운데 하나다. 그러나 그 밖의 다른 모든 목적은 고려하지 않고 최고 수익만 달성하라는 것은 법이 요구하는 바가 아니다. 이윤 극대화가 법에 명시된 의무사항이 아니라면, 그런 생각은 어디서 나온 것일까?

이윤 극대화에 대한 이와 같은 집착의 근원지는 바로 나와 같은 족속들, 즉 경제학자들이다. 마치 법에 명시되어 있기라도 하듯 매우 자주 사람들 입에 오르내리는 '이윤 극대화'라는 말은 사실, 내가 연구에서 알아낸 바에 따르면, 신고전주의 경제학 모델에서 신줏단지 모시듯 하는 수학적 최적화(즉, 최대화 또는 최소화) 방법에서 유래한다. 위에서 살펴본 대로 입법자나 판사는 대개 기업의 목표(들)에 관하여 다소 모호한 태도를 보여온 반면, 주류 경제학자들은 기업이 단 하나의, 단순하고 정량화할 수 있는(그것도 편리하게!) 목표를 가지고 있다는 사고방식을 보급하는 데 열심이었다.

경제학의 이러한 근원을 밝힌 사람은 나 혼자만이 아니다. 저명한 법학자인 린 A. 스타우트(Lynn A. Stout) 또한 이 잘못된 사고방식이 대중화된 근원을 추적했고, 그 결과 경제학자들, 특히 '시카고학파(Chicago School)'에 이르렀다. (기업은 이윤 창출 이외의 그 어떠한 책임도 없다고 단언했던 경제학자 밀턴 프리드먼은 '시카고학파'의 중심적인 선도자다.) 스타우트의 주장에 따르면, 이윤 극대화 사고방식은 20세기 후반 법학자들 사이에서 인기를 얻었는데, 이는 경제학 박사들이 주장한 이윤 극대화 사조가 기업 연구에 '학문적 엄밀함이라는 매력적인 풍모'를 더해주기 때문이었다. 한편 기업 관련 서적 출판사들에게는, 기업이란 무엇이며 무슨 일을 하는가에 대한 '설명하기 쉽고도 핵심적인 해설'을 제공하였다.[18]

기업은 오로지 이윤 극대화만을 추구한다는 대중적 사고방식은 법에서 유래한 것도, 실제적 기업 관행에 대한 관찰에서 유래한 것도 아니다. 이는 쉽고 간단한, 경제 학설의 한 지류일 뿐이다.

기업은 시장 압력에 떠밀리는가?

기업을 인간 조직으로 보는 관점에 대한 두 번째 이의 제기는 '시장'의 작용이 개별 기업들에게 가하는 압력과 관련된다. 일부 최고 경영자들이 이윤 극대화 외의 목표를 염두에 두더라도, 경쟁 시장의 압력 때문에 결국은 이윤 극대화를 냉혹하게 추구하지 않는 기업은 문을 닫을 수밖에 없을 것이라는 주장이다.

친기업 광신자들에게 이는 매우 유용한 논리다. 경쟁이라는 '시장 규율'은 기업으로 하여금 효율 경영을 추구하게 만들고 그럼으로써 부가 창출되기 때문이다.

반시장 옹호자들 또한 시장 압력이 기업을 움직인다는 점에는 동의하지만, 그 결과에 대해서 친기업 옹호자들만큼 낙관적이지는 못하다. 이를테면 노동이나 환경에 대한 기준을 상향 유지하려는 회사는 더욱 높은 비용이 들 것이고, 따라서 저비용 경쟁 상대보다 높은 가격에 제품을 팔 수밖에 없다. 자신에게 유리한 거래를 하려고 하는 소비자들은 최저가 제품만 사려고 할 것이다. 따라서 책임감 있는 기업은 망하고 악덕하고 무책임한 이윤 극대화 기업만 살아남게 될 것이다. 또 기업이 금융 자본을 얻는 시장에서 벌어지는 경쟁에서도 비슷한 상황을 살펴볼 수 있다. 즉, 효율적인 금융 시장에서는 최대 잠재 수익 이하의 수익을 내는 회사의 경영자를 적대적 인수를 통해 해고시키거나 다른 사람으로 갈아치울 수밖에 없다. 세계 경쟁 시장 체제는 누구를 봐주고 하는 동정없이 냉혹하게 돌아간다.

이는 다소 경제학적인 도그마다. 신고전주의 경제학이 생각하는 이상적인 세계에서 경쟁은 모든 기업으로 하여금 이윤을 극대화하도록 만든다. 즉, 모든 시장에 구매자와 판매자가 수없이 많아서 누구나 정해진 시장 가격을 받아들여야 하는 세상, 기업은 이윤에만 관심이 있고 소비자는 자신의 효용에만 관심이 있는 세상(그 밖에 다양한 가정이 존재할 것이다.)에서는, 당연히 그러한(이윤 극대화 추구라는) 결과가 뒤따른다. 이는 나의 동료 학자들 중 꽤 다수가 굳건하게 믿는 시계장치 경제 이미지다. 모든 증거가 시사하는 바에 따르면 현실 세계의 경제는 이보다 훨씬 복잡하다.

세계 경제의 일부 지역에서는 실제로 경쟁이 매우 치열하다. 일례로, 대형 유명 브랜드 회사나 주요 소매 업체에 납품하는 수많은 소규모 의류 하청 업체들은 서로 피터지게 경쟁해야 한다. 어떤 업체들이 최저 비용으로 셔츠나 청바지를 납품할 수 없다고 한다면 대기업 구매자들은 바로 다른 업체로 눈을 돌릴 것이다. 이 때문에 의류 제조업은 미국에서 온두라스나 방글라데시 같은 국가들로 이동했고, 더욱 최근에는 그보다 인건비가 낮은 베트남과 중국으로 이동했다. 이러한 상황은 전자 제품이나 기타 제품의 조립 하청을 따내기 위해 경쟁하는 수천 개 회사들도 마찬가지다. 어떤 회사가 특정 품목을 생산할 수 있는 많고 많은 회사 중 그저 하나라면, 그 회사는 생산 제품에 대해 대기업 구매자가 제시하는 가격을 받아들일 수밖에 없다. 경제학자들은 고도의 경쟁 시장에 속한 기업에게는 '시장 지배력'이 없다고 말한다.

그러나 세계 경제의 다른 한편에서는 경쟁이 그처럼 치열하지 않다. 생산하는 제품이나 서비스가 다른 기업의 그것과 조금이라도 차별화되어 있다면 그 기업은 시장 지배력을 어느 정도 갖는다. 예를 들어 사람들이 돌(Dole)의 파인애플 통조림이 타사의 통조림보다 낫다고 생각한다면, 돌은 자사 제품의 가격을 얼마간 높게 책정할 수 있다. 판매 시장에서의 시장 점유율이 높으면, 구매자들의 선택 폭이 제한되기 때문에 그러한 회사 역시 시장 지배력을 높일 수 있다. 이를테면 월마트는 비용 절감을 위해 수천 군데의 공급 업체를 갖고 있는 것으로 유명하다. 그러나 월마트 자체는 '완전 경쟁 기업'도, '가격 수용 기업'도 아니다. 월마트는 (이 글을 쓰고 있는 시점에서) 미국 종합 양판점 시장의 30퍼센트 점유율을 달성한 상태다.

마이크로소프트(Microsoft)의 데스크톱 컴퓨터 운영 체제 소프트웨어의 시장 점유율은 이보다 훨씬 높아서 무려 90퍼센트에 육박한다. 제너럴 모터스(General Motors), 엑손모빌(ExxonMobil), IBM, 화이자(Pfizer), 베리존(Verizon), UPS 등을 생각해 보자. 이들은 신고전주의 이론에 등장하는 무명의 그렇고 그런 회사들이 절대 아니며, 그저 수동적으로 '시장 명령'을 따르는 회사들도 아니다. 이 회사들은 무엇을, 어디서, 어떻게 생산할 것이고 구매자가 자사 제품을 어떻게 선호하게 할 것이며 가격 책정을 어떻게 할지에 관해 적극적으로 전략을 수립한다. 심지어 이들은 자신이 속해 있는 시장 구조를 조작하기 위해 로비나 약탈적 사업 방식을 이용하기도 한다.

시장 압력이 기업으로 하여금 이런 저런 식으로 움직일 수밖에 없도록 강요한다고 주장하는 많은 이들은 신고전주의 경쟁 이론과 이윤 이론의 미묘한 면을 놓치고 있는 듯하다. 신고전주의 이론에 서툰 사람들은 '이윤 극대화'라는 개념을 아주 당연하게 '굉장히 큰 이윤을 남긴다'라는 개념과 직결시킨다. 실제로, 집중화된 대기업 경제 부문의 경우 최소 필요비용을 훨씬 초과하는 수익을 얻는 기업이 많다. 그러한 회사들은 분기별 보고서에서 고수익을 달성할 수도 있고, 대규모 확장이나 인수 계획에 착수할 만큼 큰 초과 수익을 축적할 수도 있고, 최고 임원들에게 터무니없이 높은 봉급을 지급할 수도 있고, 자기 업계에 유리하도록 거액의 정치 기부금을 내놓을 수도 있다. 시장 압력이 기업으로 하여금 '이윤을 극대화할 수밖에 없도록' 만든다고 주장하는 비경제인들에게, 이러한 경우들은 자신들의 입장을 지지해 주는 것처럼 보인다. 그러나 신고전주의 경제학 이론은 정반대 방향을 가리킨다.

신고전주의 이론에 따르면, 시장 압력이 강할 때 경제적 이윤은 특정 수준, 즉 제로가 될 수밖에 없다. 역시 신고전주의 이론에 따르면, 경쟁 압력이 심할 경우 기업들은 노동자와 공급 업체에 대가를 지불하고 나면 채권자와 주주에게 정상적인 현행 수익률을 지급할 수 있는 딱 그만큼의 잉여금밖에 남지 않을 것이라고 한다. 어떤 기업이 '굉장히 큰 이윤을 남겼다'라고 해서, 그 기업이 시장 압력 때문에 이윤을 극대화할 수밖에 없었다는 증거가 되는 것은 아니다. 반면, 기업이 경쟁 시장의 압력으로부터 자신을 보호하는 데 성공했다는 증거는 될 수 있다!

시장 압력 때문에 이윤 극대화를 추구하도록 심하게 내몰리는 기업은 기업 자본주의의 변방에 위치하는 소규모 약체 기업들이다. 반면 대기업, 다국적 기업은 시장 지배력을 지닌 유리한 위치에서 움직인다. 그런 기업들은 최소 필요비용을 초과하는 수익을 그것도 아주 장기간 발생시킬 수 있다. 이들은 직면하고 있는 경제적 상황 때문에 어쩔 수 없이 그런 결정을 내리는 것이 아니라, 자유로운 선택을 할 수 있는 일정한 '여지'와 여유를 가지고 경영한다.

문제는 그런 회사들이 수익과 최소 필요비용 사이의 차액을 가지고 무엇을 하느냐 하는 것이다. 전문적으로 말해서,

잉여 소득이 잉여 소득으로서 보고되어 주주들에게 배당금으로 분배되거나 유보 이익(생산적으로 사용되면 미래의 수익을 증가시키고 이로써 주가가 올라 주주들에게 이득이 돌아가게 된다.)으로 기업에 재투자된다면, 우리는 그 잉여 소득을 '수익'이라고 한다. 법과 시장 압력이 '정말로' 기업으로 하여금 오로지 주주의 재정적 수익을 위해서만 움직일 것을 요구한다면, 그렇게 하는 것, 즉 잉여 소득을 배당금으로 분배하거나 유보 이익으로 돌리는 것이 바로 기업이 해야 할 일일 것이다.

그러나 어느 정도 자유로운 선택의 여지를 가진 회사가 할 수 있는 또 다른 일은 비용을 전용하는 일이다. 이런 회사는 경영진의 봉급을 인상하거나, 중역들의 특전을 늘리거나, 임원이 선호하는 대의명분을 위해 정치적 기부를 하거나, 호사스러운 본사 건물을 짓거나, 사업을 확장하거나(수지가 맞든 안 맞든), 회사를 비방하는 사람을 고소하거나, 그 밖에 최고 경영진과 이사들의 부와 권력을 강화하는 어떤 일을 할 수도 있다. 너무 익숙한 얘기들 같지 않은가? 그러한 행위의 원동력은 법률도 경제도 아니다. 어떤 외부 압력이 그러한 방향으로 결정이 내려지도록 강요한 것은 더더욱 아니다. 그러한 행위 배후의 '에너지원'을 굳이 찾자면, 그것은 분명 인간의 오래된 오만과 탐욕이다.

다른 한 편으로 어느 정도 자유로운 선택의 여지를 가진 회사라면 환경오염 통제, 급여 체계상 하위에 속하는 근로자들의 봉급 및 임금 향상, 하청 업체의 노동 및 환경 규범 준수 확인, 화석 연료에 대한 대체 연료 연구, 사내 보육 시설 확충, 사회에 유익한 연구 및 개발, 지역 사회에 이로운 프로그램 지원 등에 더욱 많이 투자할 수 있을 것이다. 이러한 회사는 평판을 향상시키는 활동들을 하고 장기적으로 정치적 신용을 구축하면서 책임감 있는 기업 시민 역할을 할 수 있을 것이다. 이를 금지하는 법적 혹은 경제적 '메커니즘'은 없다.

치열한 경쟁 압력의 손아귀에서 벗어나 있는(대부분의 기업이 그렇다.) 기업의 이사와 경영진에게는 엄연히 선택권이 존재한다.

이의 제기

그러나 기업을 사회적 조직으로 보는 관점을 지닌 사람들은, 그래도 여전히 몇 가지 이의를 제기할 수 있다고 믿는 대중들의 사고와 한바탕 격전을 치러야 한다.

단일 목표에 관한 이의 제기

혹자는 이렇게 말할지 모른다. "그 말도 일리가 있습니다. 하지만 회사 간부들에게 그 모든 다양한 이익을 고려하며 경영하라는 것은 터무니없지요! 그들에게는 겨냥할 수 있는 단 하나의 분명한 목표가 필요합니다. 이를테면 이윤의 극대화 같은 것 말입니다." 예를 들어, 캐나다의 기업 경영자인 윌리엄 디마(William Dimma)는 기업이 다양한 이익에 관심을 기울여야 한다는 생각이 대중의 인기를 얻는 것은 '감정적 호소'에 근거한 것이라고 주장한다. 디마는 그러한 생각을 실제로 실천할 경우 '이사 및 경영진을 모호하고 혼란스러운 세계로 떠밀게 될 것'이라고 생각한다.[19] 물론 이러한 이의에 대해서는, 삶의 다른 경우에서와 마찬가지로 기업의 생리도 복잡하다는 대답으로 응수할 수 있다. 세상은 시험지 끝에서 늘 단 하나의 명쾌한 정답에 도달할 수 있는 대수 문제가 아니다. 수학 수업 시간 이외의 다른 곳들에서도 인생이 단순명쾌할 수 있다는 생각은 한낱 환상에 불과하다.

지속적 확장에 관한 이의 제기

한편 어떤 사람은 이렇게 답할 것이다. "좋아요. 기업은 이윤을 극대화해야 한다고 내가 말했습니다. 그러나 내 말은 기업이 '성장'해야 한다는 뜻입니다. 지속적으로 확장하고 성장할 수 있도록 직원에게 압력을 가하지 않는 회사는 도태될 것입니다! 이건 엄연한 사실이라고요!" 이 경우, 신고전주의가 주장한 경쟁 및 압력 이론은(그리고 그 반대 주장도) 아무 의미가 없어진다. 신고전주의의 이윤 극대화 이론은 오늘날 표면상 설득력 있게 보이는 지적 신임을 얻고 있지만(많은 경제학 박사들이 제기한 이론이므로), 기업이 반드시 확장을 통해 성장해야 한다는 생각의 기원은 그보다 불확실하다. 확장과 성장에 대한 끝없는 욕구라는 개념은 과거 마르크스의 축적 이론에 그 뿌리를 두고 있는 것으로 보이며 어느 정도 대중적 인정을 얻고 있다. 이 개념은 후(後)투자자들에게 받은 돈을 선(先)투자자들에게 지급하는 피라미드 체계와 같은 특별한 경우에 적용된다. 또한 투기 광풍이 몰아치면 사람들이 단순한 확장과 미래의 수익성을 혼동하는 경우가 심심찮게 있는 것도 사실이다. 그러나 나는 오늘날 어느 지면에서도 기업 전반의 지속적인 확장의 필요성을 옹호하기 위해 타당하고 상세하게 주장을 펴는 사람을 본 일이 없다. 대개 단순한 확언이나 단정으로 일관할 뿐이다.

 1980년대에 일어난 기업 인수·합병 물결은 기업이 반드시 확장해야 한다는 이론의 타당성을 보여주는 증거로 여겨졌을지 모르지만, 그 시기 이후 인수·합병 물결은 줄어들었다. 사실 인수·합병 물결 초기에 요란하게 맺어진 일부 계약들은 결국 붕괴되고 말았다. 기업이 확장하면 더욱 큰 시장 지배력과 정치적 힘을 갖게 되고 아마도 '대마불사적' 정부 정책의 수혜자가 될 것임은 자명하다. 그러나 일반적으로 규모가 상당히 큰 회사들은 효과적으로 경영하기가 쉽지 않으며, 점점 더 많은 기업 분석가들이 기업 합병의 타당성에 대해 의문을 제기하고 있다. 예를 들어, AOL과 타임워너(Time Warner)는 세상을 떠들썩하게 하며 2001년 1월 낙관적인 분위기 속에서 합병을 선언하였다. 그러나 1년 뒤 두 회사 간 제품 및 기업 문화 차이 때문에 불협화음을 내기 시작했고, 그 결과 주가가 70퍼센트나 폭락했다. 모종의 불가해한 에너지나 메커니즘 또는 '경제적 동력'이 기업으로 하여금 줄곧 무한 성장을 추구할 수밖에 없게 만든다는 주장은 위압적인 느낌을 주는 수사법일 뿐이다. 지위와 권력에 대한 인간의 갈증에서 비롯되는 성장 욕구가 존재하는 것은 분명하지만, 기업 성장의 이면에 냉혹한 '경제 메커니즘', 즉 시계 장치 경제가 존재한다는 생각은 사실이 아니라 신념과 억측일 뿐이다.

조직 생활

다른 모든 조직과 마찬가지로 기업도 사람들과 그들의 실제 감정, 윤리학, 그들이 만들어내는 여러 사회 관계들을 수반한다. 그러나 일부 학자들은 '개인 차원'의 분석과 '구조 차원'의 분석 사이에 뚜렷한 선을 긋고 싶어 한다. 그들은 인간이 사회적이고 도덕적인 존재이긴 하지만, 기업의 활동은 기업 구조에 의해 조정된다고 말한다. 그런 학자들은 나의 주장을 잘못 해석하여 내가 그들이 그어놓은 구분선을 놓치고 있으며, 착한 기업(또는 착한 조직)을 만들기 위해서는 착한 사람들을 데려다가 일하게 하기만 하면 된다고 주장한다고 간주해 버릴 공산이 크다.

만일 내 주장이 그렇다면, 그것은 그릇된 주장일 것이다.

조직의 의사 결정 및 행동은 개인의 의사 결정 및 행동과 분명히 다르다. 조직은 복잡하다. 하나의 조직이 제대로 기능하기 위해서는 사람들이 서로 정보를 주고받아야 한다. 정보의 흐름은 원활하게 이루어질 수도, 그 반대일 수도 있다. 경영자는 인센티브 제도를 마련하여 사람들의 내적·외적 동기를 유발해야 한다. 인센티브 제도 역시 잘 수립되어 있을 수도 있고 비효율적이어서 제 기능을 하지 못할 수도 있다. 계획도 수립해야 하고 회의 일정도 잡아야 한다. 의사 결정자들을 선발하여 결정도 내려야 한다. 그러고 나면 결정 사항들을 실행에 옮겨야 한다. 공식적인 정보 및 명령 계통뿐 아니라 (골프 코스나 사내 정수기 주변에서 형성되는) 비공식적 계통도 나름대로의 기능을 한다. 사람들의 선한 의도와 그들이 속한 조직이 행하는 실제 행위 사이에 괴리가 존재하는 경우는 매우 많다! 내부의 제도적 구조, 정보 네트워크, 조직 문화 등은 개인의 의도와 조직의 행위 사이에 다층적 복잡성을 발생시킨다.

어떻게 하면 기업이 책임감 있는 조직이 될 수 있을까? 그러려면 기업은 윤리 목표 및 사회적 책임과 일치하는, 내부의 정보 흐름 및 윤리 감독 체제와 구조를 마련해야 한다. 하버드 경영대학원 교수인 린 샤프 페인(Lynn Sharp Paine)은 기업의 책임감은 단순히 도덕적 기준을 지닌 개인 구성원들의 문제가 아니라 윤리적 기업 결정이 촉진되고 장려될 수 있는 하나의 전체적 분위기를 창출하는 문제라고 주장한다. 이를 위해서는 기업의 성과가 어떻게 평가되는지, 기준은 어떻게 정해지고 시행되는지, 업무는 어떻게 계획 및 조정되는지 등의 문제에 각별한 관심을 기울여야 한다. 개인의 도덕성은 그 개인이 속한 조직 또한 도덕적 주체라는 인식, 여러 방식의 정보 흐름, 인센티브 제도, 조직의 책임감 있는 의사 결정을 가능케 하는 절차 등에 의해 보완되어야 한다.[20]

예를 들어, 간호사 일을 하면서 내 언니가 겪은 또 다른 일화를 살펴보자. 그녀는 당시 근무 중이던 영리 추구 병원의 고용주에게 대체적으로 괜찮은 대우를 받는다고 느끼기는 했지만, 전 직원이 윤리에 관한 세미나에 참석하라는 지시를 듣고 다소 언짢아했다. 언니는 자신과 동료들이 이미 충분히 윤리적이라고 생각했기 때문이다! 그러나 세미나에서 그녀는, 직원들이 조금이라도 비윤리적인 사항을 발견할 경우 보고할 수 있도록 병원 측에서 신고 전화를 마련해 놓았다는 사실을 알았다.

그 후 얼마 안 있어, 언니는 병원 내 특수 클리닉에서 이윤이 많이 남는 수술 일정을 정상 근무 시간을 넘겨서까지 무리하게 잡는 것을 목격했다. 그 즈음이면 병원 내 대부분의 시설이 문을 닫는 데다가 당직 직원만 근무하기 때문에, 그녀는 그런 행태가 위험하다고 생각했다. 그녀는 신고 전화를 이용했고 이후 과도한 수술 행태는 중단되었다. 물론 병원의 의사 결정권자들이 애당초 그렇게 많은 초과 수술 일정을 잡지 않았더라면 더할 나위 없이 좋았을 것이다.

하지만 유용한 정보 피드백 경로가 있었기에, 해당 문제에 근접한 한 개인이 좀더 먼 위치에 있는 의사 결정권자들에게 윤리적 경고를 전달할 수 있었던 것이다. 또한 분명히 이 조직 내의 의사 결정 절차는 그러한 경고가 책임감 있는 행동으로 이어질 수 있게끔 고안되어 있었을 것이다. 한 기업의 훌륭한 내부 구조는 기업이 윤리적 목적과 재정적 목적을 모두 달성하도록 도울 수 있다.

다음으로 성 차별과 인종 차별 문제를 생각해 보자. 하버마스는 공식적인 권력 및 규범 계층이 존재하는 관료제야말로 인간성 말살 '제도'의 일부라고 생각했다. 그러나 만일 저마다 성격상의 특성과 변덕을 지닌 개개인에게 고용 및 승진 결정 시 '과도한' 자유를 준다면, 그들의 무의식적 편견의 고삐는 풀려버릴 것이다. 그들은 좋은(그러나 결코 자신을 열등해 보이게 하지는 않을) 사람, 사회적으로나 업무 스타일 면에서 자신과 죽이 잘 맞는 사람을 선택할 것이다. 역사적으로 차별을 당해온 사람들에게 좀더 공정한 방향으로 결정이 이루어지려면, 이제 그러한 의사 결정 과정이 좀더 공개적이고 투명해져야 한다는 목소리가 높아지고 있다. 《포춘》은 최근 기업이 차별 관련 소송을 피할 수 있는 방법에 대한 기사를 실었다. 그 기사는 다음 사항을 나열하고 있다. "구인 및 승진 제도 수립 시 최대한 형식을 갖출 것. 필수 자격 요건을 분명하게 밝힐 것. 반드시 구인 공고를 낼 것. 채용 이유의 정당성을 증명할 수 있어야 함."[21]

일부 조직에서는 상부 의사 결정권자들이 자신의 무의식적 편견과 경직된 사고 습관을 스스로 인식하도록 돕는 워크숍을 통해 조직 내의 절차를 보완해 가고 있다.

'개인 차원'의 분석과 '구조 차원'의 분석을 대립 항으로만 인식하는 사람들은 대개 기업 '구조'를 기계적 이윤 극대화나 엄격한 계층 사회라는 기계적 이미지의 관점에서 바라보는 경향이 있다. 그보다는 좀더 경영 중심적 접근법을 택하여 특정한 내부 관계들이 조직 자체의 복잡한 행동에 어떤 영향을 미치는지 이해하려고 시도하는 편이 더욱 유익할 것이다.

비영리 단체는 어떠한가?

혹자는 특정 활동을 비영리 단체나 정부가 수행하게 함으로써 그러한 활동을 '경제적 가치'로부터 '보호'해야 한다고 주장한다. 그러나 우리는 이러한 종류의 조직에도 '자동적인' 것은 없다는 사실을 인식해야 한다. 인간의 문제이기 때문에, 또는 문제가 있는 내부 구조 때문에 심지어 비영리 단체나 공공 서비스 중심 기관들도 공식적으로 표명된 사회적으로 가치있는 취지에 어긋나는 행동을 할 수 있다.

예전에 나는 '학문적 우수성'을 긍지로 삼는 어떤 대학에서 일한 적이 있다. 그 대학은 자칭 '소규모 인문 교양 대학의 친밀함과 학생 개개인에 대한 관심'까지 약속하는 '세계 일류 연구 기관'이었다. 해당 대학의 웹사이트에서는 이 학교가 '지식에 대한 학제적 접근 방식'을 강조한다고 자랑하고 있다. 대학의 사명 선언문을 보면 "본교는 미국과 세계 공동체의 특성을 반영하기 위해 힘쓴다."라고 쓰여 있다. 모두 멋지게 들리지 않는가? 이 민간 비영리 조직이 우수한 연구와 포괄적이고 다양한 배움 공동체 구축에 완전히 헌신하고 있다는 확신이 들지 않는가?

이 작은 대학으로 옮기기 전 나는 미국에서 상위권에 드는 경제학과를 보유한 대학에서 종신 재직권을 받은 상태였다. 일류 저널들에 기고한 수많은 글이 입증해 주듯이 나는 현저한 연구 업적을 쌓았고, 여러 학문 분야를 넘나들면서 국제적인 평판 또한 얻은 상태였다. 다만 가족 때문에 그 종신 직위를 버리고 별로 유명하지 않은 이 작은 대학으로 옮긴 것이었다. 아직 종신 재직권은 없었지만 조만간 검토해 보겠다는 다짐을 학교 측으로부터 받아놓은 터였다. 이 학교에도 이 문제를 담당하는 기구가 있었다. 내가 받은 임명장에는 종신 재직권 사항이 향후 검토될 것이라고 쓰여 있었으며, 검토 절차는 교직원 편람에 자세히 실려 있었다. 그러한 형식적인 절차가 진행될 때, 경제학에서 가장 일반적으로 채택되는 평가 기준은 해당인이 지면에 발표한 글의 분량과 질이며, 글의 질은 그것이 실린 저널의 등급으로 판단된다.

그 후 실제로 나에게 일어난 일은 실로 충격이 아닐 수 없었다. 우선 나는, 임명장의 내용에도 불구하고, 승진 심사에서 완전히 제외되었다. 나는 내가 맡은 새로운 강좌에 등록한 학생 수가 적다고('친밀함'을 자랑하는 학교 아니었던가?) 비난을 받았다. 학장은 교직원 수행 평가에서 "학제적 연구가 중요하지 않다."라고 내게 말했다. 나중에 학교 측이 재심사를 하기는 했지만, '그들이' 보기에 내 연구 실적이 불충분하다는 이유로 종신 재직권을 거부하였다. 그러나 나의 연구 실적은 훨씬 높은 수준의 대학에서 종신 재직권을 받기에도 손색이 없을 만큼 충분했다.

한편 학교 측은 해당 분야에서 순위가 기껏 104위였던 저널에 글을 발표했던, 나의 같은 과 동료 남자 교수에게 종신 재직권을 주었다. 내가 그 학교를 그만둔 해에 경제학과는 다섯 명의 전임 교원을 새로 고용하였다. 나의 종신 재직권 심사를 최초로 거부했을 때 학교는 "나의 분야가 학교 측의 필요를 충족시키지 못한다."라는 이유를 들었지만, 새로 고용된 사람들 중 한 명은 내가 전 대학에서 가르쳤던 분야에 속한 사람이었다. 새로 고용된 사람들은 모두 남자였다. 이 대학이 대외적으로 표명하는 가치있는 목표에도 불구하고, 나는 학교 측의 행태 뒤에는 여성에 대한 편견, 그리고 주류 경제학 분야에 존재하는 남성적 편견을 향한 나의 도전에 대한 반감이 있었으리라 믿는다.[22]

그러나 나는 이 대학이 유달리 특이하다고 보지는 않는다. 그보다는, 조직이 극도로 복잡한 존재라는 체험을 하게 해준 계기였다고 본다(내가 속해 있던 모든 조직에서와 마찬가지로). 한 조직에 속한 개개인 모두가 조직이 표명하는 사명을 이루기 위해 100퍼센트 헌신하며 모든 절차가 합리적이고 순조롭게 흘러갈 것이라고 믿는다면, 이는 허무맹랑한 생각일 것이다. 그러나 한 조직 내에서 우리를 둘러싼 사회적·정서적 역학을 충분히 인식한다면, 우리는 탐욕, 공포, 온정, 존경, 열정, 지지, 냉정, 용기, 헌신, 혼란, 질투, 자신감, 편견, 모함, 아첨, 높은 이상, 충성, 유능함, 성실, 동지애, 성취, 불화, 기회주의, 무능력, 관용, 창조력, 모순, 평범함, 도덕적 파산, 윤리적 리더십, 대비되는 목표들, 사소한 영역 다툼, 뜻밖의 시너지 효과, 성격 차이 등등이 뒤섞여 있음을 알게 될 것이다. 또한 유익한 회의, 정확한 의사소통, 바람직한 책임 할당, 온당한 보상, 능률적 행동을 야기하는 내부 관행과 무익한 회의, 의사소통 오류, 실패, 부당한 보상, 비능률을 야기하는 요인을 발견하게 될 것이다. 외적으로 공표된 조직의 목표가 매우 훌륭히 달성될 때도 있고, 목표의 일부만 달성될 때도 있으면, 그 목표가 완전히 붕괴될 때도 있다.

사실이 그렇지 않은가? 위에 열거된 인간적·구조적 다양성 중 일부라도 드러내지 않는 직장, 학교, 종교 단체나 시민 단체, 가족 또는 그 어떤 조직을('영리 추구'든 '비영리 추구'든) 이제껏 본 적이 있는가?

조직과 목표

나는 돈벌이 이외의 목적들도 중요하다는 시장 비판가들의 관점에 전적으로 동의한다. 그러나 법적 문서나 취지문에 명시된 내용만 보고 어떤 조직을 평가할 수 있다는 주장, 즉 '별개의 영역'이 존재한다는 생각에는 전적으로 반대한다. 조직이 '영리 추구'를 목적으로 운영된다고 해서 그것이 법에 의해서건 경제 '메커니즘'에 의해서건 이윤만을 목표로 삼아야 한다는 뜻은 결코 아니다. 비영리로 혹은 '공익'을 위해 운영된다고 해서 좋은 동기나 결과를 보장하는 것도 아니다. 조직은 '어떻게 운용되느냐'로 평가받아야 한다.

가만히 생각해 보면 조직과 성과에 관한 증거에는 이런 저런 요소들이 뒤섞일 수밖에 없다. 비단 영리 추구 기업들만이 비용 문제 때문에 복리 후생을 줄이거나, 제품의 질을 떨어뜨리거나, 지역 사회 시민으로서의 책임을 소홀히 하고픈 유혹을 받거나 혹은 종종 그럴 수밖에 없는 것은 아니다. 비영리 단체와 정부 운영 프로그램 역시 예산에, 그것도 때로는 (특히 복지 사업의 경우) 아주 적은 예산에 맞춰야 한다. 무신경하고 탐욕적이며 근시안적인 사람들에 의해 운영되거나 잘못된 제도적 장치와 계획으로 고생하는 쪽은 영리 추구 기관만이 아니다.

물론, 영리 추구 기업도 윤리적으로 운용될 것이라고 무조건 믿으라는 얘기는 아니다. 내가 말하려는 요지는, 모든 종류의 기관이 윤리에 적극적으로 관심을 기울여야 하고 관련 외부 집단의 감독을 받아야 한다는 것이다. 경제가 기계 장치라는 생각을 버리면, 우리는 세상에 그 어떤 것도 단순히 기계처럼 돌아가지는 않다는 사실을 깨닫게 될 것이다.

＃ 6장

육체와 영혼의 공존

이론적 허상이 아닌 현실적인 경제로

기계 은유에서 벗어날 시간

 친기업 및 신자유주의 신봉자들은 경제가 기계라고 굳게 믿는다. 이들은 시장 경제가 '자동적으로' 공익에 이바지하기 때문에 윤리나 배려 등에 대한 그 어떤 종류의 직접적인 염려도 불필요하다고 주장한다. 반시장 비평가들 역시 경제가 기계라고 믿는다. 이들은 이기심과 탐욕의 에너지로 돌아가는 자본주의 체제 내에서는 윤리와 배려에 대한 고려 자체가 불가능하다고 주장한다. 어느 쪽이건 경제가 기계라는 은유는 우리로 하여금 삶을 위한 경제적 공급이라는 '육체적' 관심과, 사회적 책임과 배려 관계라는 '영혼적' 관심을 분리시킨다. 이러한 은유 때문에 우리는 인간을 일하게 하고 배려하게 하며 조직을 돌아가게 하는 현실세계의 긍정적 특질을 못 보게 되었다.

그러나 이제, 말할 것도 없이 이 은유야말로 완전히 불필요한 것임을 깨달을 시간이다. 우리는 공급 및 고용 창출에 관한 우리의 정당한 가치들과 윤리 및 배려에 관한 우리의 정당한 가치들을 얼마든지 결합할 수 있다. 이제 경제는 '고동치는 심장'이라는 은유가 유용할 것이다. 고동치는 심장은 신체를 유지해 주는 생혈을 순환시키며, 또한 전통적으로 영혼이 위치하는 곳으로 간주되기 때문이다. 심장은 또한 용기의 상징적 중심이기도 하다(당당히 일어나 우리의 경제 활동에 책임을 지고자 한다면 필경 우리는 용기가 필요할 것이다.).

그러나 지금까지 논의의 중심은 주로 사람들이 어떻게 생각하고 어떤 단어를 사용하는가에 관한 것이었다. 그렇다면 과연, 경제학에 대하여 우리가 갖는 생각은 개인적으로나 사회적으로 우리의 실제 생활에 어떠한 차이를 부여할까?

육체와 영혼을 결합해서 함께 유지하는 일은 우리의 삶에서 굉장히 중요한 두 영역에 매우 소중한 의미를 부여한다. 논의의 주제가 보살핌인 경우 돈을 생각하는 것 자체에 대한 반감은 경제의 보살핌 부문에서 자원 위기를 초래하기에 이르렀다. 주제가 기업인 경우 윤리에 관하여 생각하는 것 자체에 대한 반감은 상업 부문에서 책임 의식 위기를 초래하기에 이르렀다.

보살핌 영역에서 직면한 위기

미국은 보살핌 영역에서 위기에 직면해 있다고 해도 과언이 아니다. 아이들이 보살핌을 받는 여러 가지 방식을 살펴보자. 유료 보육 서비스는 심각한 품질 문제와 이용 가능성(수용 능력) 문제로 고민하고 있다. 최근 보육 시설을 무작위로 선정하여 그 비용과 품질을 전국적으로 조사한 결과, 겨우 24퍼센트(대개 3~5세 아동을 돌보는 보육 시설)만이 우수 등급을 받았다. 대부분이 보통 혹은 보통 이하의 등급을 받았는데, 유아 보육 시설의 약 40퍼센트 정도는 최저 수준이라는 평가를 받았다. 이런 시설들의 경우, 보살핌의 품질이 매우 열악하여 아이들의 안전까지 잠재적 위험에 노출되어 있는 형편이다.[1] 저품질을 야기하는 큰 문제점들 가운데 한 가지는 전국적으로 연평균 약 40퍼센트에 달하는 보육 교사들의 이직률이다.

그리고 이처럼 높은 이직률을 초래하는 여러 가지 문제점

중 하나는 낮은 임금이다. 1998년 정부 조사에 따르면, 보육 시설 근무보다 평균 임금이 낮은 직종은 (조사 대상인 774개 직종 가운데) 겨우 17개에 불과했다.[2] 출산 후 일정 기간 집에서 쉬고 싶다면 어떻게 해야 하는가? 대부분의 선진국(캐나다 포함)들과 달리, 미국에는 단 며칠 혹은 몇 주간의 육아 휴직조차 재정적으로 지원해 주는 정부 프로그램이 없다. 대부분의 시에서는 수많은 아이들이 보육 시설에 자리가 나기만을 기다리고 있다.

힘없는 노인들의 사정은 어떠한가? 보건복지부에서 실시한 2002년 연구에 따르면, 전국 노인 요양 시설의 90퍼센트가 인력 부족에 시달리고 있으며, 이로 인해 시설 이용자들은 욕창과 탈수, 영양실조 등의 위험에 직면해 있다. 노인 요양 시설도 직원들의 임금이 매우 낮으며 이직률 또한 (첫 세 달 만에 이직하는 비율이 거의 100퍼센트에 달할 정도로) 높은 실정이다.

그렇다면 병자들은 어느 정도의 보살핌을 받고 있을까? 각종 미디어의 보고에 따르면, 미국은 거의 만성적인 간호사 부족에 시달리고 있다. 병원들은 자격을 갖춘 인력을 충분히 채용하지 못하고 있으며, 갈수록 최소의 (혹은 그 이하의) 인력과 강제적인 초과 근무, 외국인 간호사 채용에 의존하여 운영을 해나간다고 주장한다. 간호사들은 (그리고 대다수 의사들은) 더 이상 실질적으로 환자를 주시하거나 환자와 대화를 나누거나 환자가 의료 절차에 대한 불안을 덜고 편안함을 느끼도록 도울 시간이 없다고 불평한다. 인력이 부족해지면서 의료 실수 또한 잦아졌으며, 이로 인해 2차 감염이나 심지어는 사망을 초래한 경우도 있었다.

나는 이러한 문제가, 실질적인 보살핌 업무는 '자유로워야' 하며 이타주의의 천연 샘으로부터 흘러나와야 한다는 빅토리아 시대적 기대의 잔존물에서 상당 부분 기인한다고 생각한다. 우리는 보살핌에 타인을 배려하는 정서적인 성향뿐 아니라 숙련된 기술까지 필요하다는 생각에 낯설어 한다. 또 보살핌 직종에 종사하는 사람들 역시 그들의 가족에 대한 재정적 책임을 안고 있다는 생각에도 익숙하지 못하다. 심지어 우리는 이런 직종에 종사하는 사람들이 최저 생계 임금을 요구하는 것 자체가 탐욕스럽고 비정하다는 증거일 수 있다며 의심하기도 한다. 얼마나 터무니없는 생각인가! 보살핌에 들어가는 시간과 돈은 언제나 경제적 지원을 요구해 왔다. 빅토리아 시대에는 이러한 지원이 암묵적이고 간접적으로 이뤄졌지만 말이다. 이제는 보살핌 업무가 최하 등급 이상의 품질 수준을 유지할 수 있도록 충분하고 직접적인 경제적 지원이 제공되어야 한다.

나는 우리 시민들이 적정한 인력 수준과 자격, 임금 등에 대해 기준을 마련하여 보건 및 보육 서비스의 질을 높이는 법안을 지지해야 한다고 생각한다. 사회적 기준에 부합하는 근무 조건과 정당한 보수를 위해 투쟁하는 보살핌 직종 종사자의 노동조합과 여타 조직들을 지지해야 한다. 또 병원과 요양 시설, 보육 시설 관리자들은 '우수 사례'를 연구하고 해당 분야의 업계 표준을 마련하는 일에 발 벗고 나서야 한다. 우리는 노인 복지의 실태를 다시 한 번 돌아보고 재가 보호 서비스와 호스피스 서비스를 통해 의료 서비스에만 치중되어 있는 현재의 시스템을 개선하는 방안에 대해 진지하게 고려해 보아야 한다. 또한 초등 교육과 사회 복지 등의 분야에서 요구되는 전문 보살핌 기술에 훨씬 더 높은 가치를 부여해야 한다. 거의 모든 선진국들이 이미 시행하고 있듯이, 미국은 영유아를 둔 부모가 집에서 아이를 돌볼 수 있도록 재정적 지원을 제공하거나 양질의 유료 보육 서비스를 찾을 수 있도록 도와야 한다.

물론 보살핌 직종을 위한 재정적 지원을 "감당할 수 없다." 라며 반대하는 사람들도 있을 것이다. 그러나 이는 근시안적이고 일차원적인 생각이다. 전문적인 보살핌 여건을 개선해야 한다고 해서 반드시 자금을 새로이 조성해야 하는 것은 아니다. 경제학자라면 누구나 경제적 의사 결정은 선택을 의미한다는 데에 동의할 것이다. 우리 사회는 정부와 보험이 지원하는 수십억 달러 규모의 의약품 구입과 값비싼 의료 검사 비용을 모두 충당하고 있는 것처럼 보인다. 그런데 환자와 함께 시간을 보내는 일은 어째서 재정적으로 '감당할 수 없다'는 것인가?

한 추정치에 따르면, 미국의 보육 부문과 관련한 보조금 계획의 경우 (임금 인상을 고려한 품질 개선 인센티브를 포함하여) 연간 약 260억 달러의 비용이 책정된다고 한다(이는 현재의 지출 금액을 초과하는 액수다.).[3] 여성들이 무급으로 혹은 아주 낮은 임금으로 보이지 않게 제공하는 '무료' 보육 서비스와 비교하면 어마어마하게 높은 액수로 보일 것이다. 그러나 교통 부문(현재 미국 연방 정부는 교통 부문에 총 570억 달러를 지출하고 있다.)이나 국방부 예산(4020억 달러), 여타 프로젝트를 살펴보면, 주 정부 차원에서만도 통상 수천만 달러에서 수십억 달러 정도를 논의의 대상으로 삼고 있다.

결론적으로 다른 대다수 선진국은 보육 부문에 미국보다 훨씬 높은 보조금을 지급하고 있다는 얘기다. 지금 우리가 논의하는 주제는 결코 불필요한 것이 아니라 생명을 양육하고 유지하는 일과 직결되는 것이다. 이러한 사실을 인식해야만 비로소 보살핌에 대한 경제적 지원을 진지하게 받아들일 수 있을 것이다.

보살핌이 '돈을 위해' 행해져서는 안 된다고 주장하기보다는, '돈'이 우리 가운데 가장 약한 사람들을 보호하고 양육하고 치료하는 일을 책임지는 개인과 조직을 지원하는 데 사용되어야 한다고 주장해야 한다.

기업 영역에서 직면한 위기

엔론 사태는 결코 가볍게 넘길 일이 아니었다. 엔론 에너지 사는 열심히 로비 활동을 했고, 그 결과 1990년대 공익사업에 대한 규제가 '자유 시장'으로 대체되자 고수익을 '보고' 하면서 정상에 도달했다. 고위 간부들은 수백만 달러의 보너스를 받았다. 그러나 2001년 가을, 이 기업의 흑자 상태는 대대적인 회계 사기 덕분이었다는 사실이 드러났다. 부채는 엉터리 파트너 회사 뒤에 숨겨져 있었다. 엔론 스캔들은 회계 회사인 아서앤더슨(Arthur Andersen)에까지 영향을 미쳤고, 결국 회사는 무너지고 말았다. 퇴직 후를 대비해 엔론 주식에 크게 투자했던 엔론 사 직원들을 포함하여 소주주들 모두가 자신의 주식이 휴지 조각이 되었음을 깨달아야 했다.

그러나 이러한 사태는 엔론에서 끝나지 않았다. 1년 뒤 포브스닷컴(Forbes.com)에 실린 "기업 스캔들 목록(Corporate Scandal Sheet)"에는 엔론과 아서앤더슨뿐 아니라, AOL 타임 워너(AOL Time Warner), 브리스톨마이어스 스퀴브(Brostol-Myers Squibb), CMS 에너지(CMS Energy), 듀크 에너지(Duke Energy), 다이너지(Dynegy), 엘파소(El Paso), 글로벌 크로싱(Global Crossing), 핼리버튼(Halliburton), 홈스토어닷컴(Homestore.com), K마트(Kmart), 머크(Merck), 미란트(Mirant), 니코 에너지 LLC(Nicor Energy LLC), 페레그린 시스템스(Peregrine Systems), 퀘스트 커뮤니케이션 인터내셔널(Qwest Communication International), 릴라이언트 에너지(Reliant Energy), 타이코(Tyco), 월드콤(WorldCom), 제록스(Xerox)까지 포함되어 있었다.

게다가 이 포브스 목록은 약 1년 동안 일어난 회계 스캔들만을 다룬 것이었다. 임클론(ImClone)의 내부 거래 스캔들이나 AES, 센던트(Cendant), 씨티뱅크(Citibank), JP모건 체이스(JPMorgan Chase), 메릴린치(Merrill Lynch), 프라이스워터하우스쿠퍼스(PricewaterhouseCoopers), 라이트 에이드(Rite Aid),

비벤디 유니버설(Vivendi Universal)에서 적발된 여타 사기 행위들은 누락되어 있었다. 몇 년이 지난 지금 이 목록은 끊임없이 길어지고 있는 듯하다. 기업 집단, 회계 집단, 규제 집단은 회계 규범, 증권 거래 규제, 경영진의 보수와 스톡옵션, 기업 지배 구조, 기업 윤리 등을 논의하느라 열을 올리고 있다. 신문 1면만 봐도 기업의 금융 사기가 핫이슈임을 단번에 알 수 있다.

일부 공론가들은 여전히 이러한 스캔들이 '자유 시장'이 제대로 돌아가고 있다는 증거라고 우겨대지만, 왜곡된 논리를 좋아하지 않는 사람들은 재계에 책임 증가, 투명성, 윤리 규범을 지향하는 구체적인 개혁이 필요하다는 사실을 선뜻 인정한다. 이러한 위기에 비춰볼 때, 보이지 않는 유연한 손이 기업 경영진의 적나라한 탐욕을 공익에 이바지하는 쪽으로 돌려놓을 거라고 주장하는 사람은 거의 없을 것이다. 게다가 이러한 논의는 주로 기업 경영자들의 윤리 대(對) 일반 주주들의 윤리에 관한 것이다. 일반 주주들이란 결국, 경제가 기계라는 관점에서 볼 때 기업이 '자동적으로' 끊임없이 이익을 안겨줘야 하는 집단이 아닌가!

다음으로 우리는 노동자, 소비자, 지역 사회, 환경에 대한 기업의 책임이라는 문제를 살펴봐야 한다. 최근 내가 살고 있는 지역에서는 뱅크 오브 아메리카(Bank of America)가 뉴잉글랜드 지역의 한 은행을 인수하면서 어떻게 감원을 하지 않겠다는 약속을 할 수 있었는지가 업계의 뜨거운 논의거리로 떠올랐다. 뱅크 오브 아메리카는 인수 직후 해당 지역의 일자리 2,900개를 없앴다. (지금은 여론의 압박에 못 이겨 서서히 다시 몇몇 일자리를 추가하고 있다.) 크래프트 푸즈(Kraft Foods)는 수년간 건강 지킴이들의 압력이 끊이지 않자 어린아이들을 대상으로 한 정크 푸드 광고를 전면 중단하겠다고 발표했다.

오늘의 헤드라인에는 로켓 추진제 제조 시 발생되는 독성 화학물질인 과염소산염의 환경 기준에 대한 논쟁이 실렸다. 국제 뉴스에는 (안타깝게도) 인권 유린, 환경 파괴, 기업 활동과 연관된 부패에 대한 기사들이 넘쳐나고 있다. 노동조합들과 지역 사회 활동가들, 환경 보호가들, 공정 거래 단체들, 건강 지킴이들, 소비자 보호 연맹들, 자선 단체와 사회 복지 단체들, 감시 기관들, 종교 단체들은 사회 문제와 환경 문제에 대한 대중의 인식을 환기하기 위해 열심히 노력하고 있다.

그러나 나는 종종 기업의 무책임에 대한 폭로를 수반하는 '기계' 수사법이 실제로 공익 달성을 지체시킨다고 믿는다. 다음을 생각해 보라. "기업은 거대한 연삭기이다. 기업의 활동은 냉혹하다. 기업은 침략을 일삼는 외계 생명체이며……

암적인 존재이며······ 해충이다." 이러한 이미지에서 어디에 힘이 존재한다고 느껴지는가? '그들', 즉 골리앗과 같은 기업의 수중에 존재한다고 느낄 수밖에 없지 않은가. 한편, 그 힘은 '우리'(해를 입는 사람들 혹은 활동가들, 혹은 단순히 연루된 사람들)에게 무력한 피해자의 역할을 떠넘긴다. 이로 인해 '우리'는 이러한 경제 기계가 '우리'를 파괴하기 전에 안간힘을 써서 그것을 '우리' 힘으로 편입시키거나 파괴해야 한다는 생각을 갖게 되는 것이다.

또 한편, 기계 은유 광신자들은 기업 내에서 힘을 갖고 있는 사람들에게 기대할 수 있는 것은 오직 앙심과 적대심뿐이라고 간주한다. 그보다 좀더 선한 무언가는 기대하지 않는다. 사실상 기계 은유 광신자들이 펼치는 이론은 전반적으로, 기업의 지도자들은 기업의 기계적 성질 혹은 이질적인 성질 때문에 윤리적으로 행동하는 것이 불가능하다는 주장을 펼친다. 그러한 수사법은 극단적 드라마에는 어느 정도 기여를 하겠지만, 나는 이러한 광신자들이 조금만 더 현실적이고 개방적인 태도를 견지하면 훨씬 더 멀리 나아갈 수 있을 거라 생각한다.

'외부' 압력이 기업의 행동에 보다 큰 사회적 책임감을 부과하는 데 효과적으로 작용했다면, 이는 대개 그러한 압력이 동일한 목표를 공유한 기업 '내부' 사람들의 의제를 지지했기 때문이다. 기업 '내부' 사람들의 윤리적 소양을 존중하는 것은 옹호 단체 혹은 시민 단체가 그들을 대립적 역할과 협동적 역할을 모두 해내는 사람, 즉 현재의 관행에 도전하기도 하고 실질적으로 변화를 초래할 수 있는 기업 경영자들에게 협력하기도 하는 사람이라는 점을 인정한다는 의미이다. 이는 '옹호'에 더욱 강력한 힘을 실어준다. 순전히 적대적인 관점에서 보면, 규모가 작은 외부 옹호 단체들은 규모가 크고 강력하며 사악하고 반항적인 기업에게 변화를 강요해야 한다. 그러나 기업을 인간적인 조직으로 본다면, 외부 옹호 단체들은 채찍이나 감시인의 역할, 또는 조직이 지나친 독선에 빠지는 것을 막을 수 있는 기업 내부 사람들을 자극하는 역할을 수행해야 한다.

이처럼 보다 현실적인 관점을 견지할 때 우리는, 진정한 변화는 오직 내부로부터 시작될 수 있다는 사실과 외부 활동가들의 상당한 기여를 모두 인정할 수 있다. 예를 들어, 빌 셔먼(Bill Shireman)과 다치 기우치(木內孝)는 기업과 활동가 간의 대화를 독려하는 조직을 이끌고 있다. 이들은 양측이 '서로에 대한 흑백 논리적 선입견'을 떨쳐내고 '적과의 대화에 대한 두려움을 버릴 때' 종종 윈윈(win-win) 해법이 나타날 수 있다는 점을 깨달았다.[4] 또한 사회적·환경적 책임을 중시하는 기업이라면 해당 업계의 연합 내에서, 혹은 그 밖에 그들의 목소리가 들리는 곳 어디에서든 이러한 문제를 제기할 수 있을 것이며 마땅히 그렇게 해야 한다.

경쟁과 외적인 법률 '구조'가 기업으로 하여금 이윤의 극대화만을 추구하도록 '강요한다'고 가정하기보다는, 내적 구조와 외적 구조 모두를 진화 과정으로 간주하는 편이 훨씬 더 유용할 것이다. 우리 개인들은 종종 경제·정치·사회 시스템의 거대한 규모에 압도당하는 느낌을 받는다. 그러나 역사적 발전을 광범위하게 살펴보면 우리는 이러한 시스템들이 진화하고 있다는 사실 또한 깨달을 수 있다. 민주주의가 발전하면서 군주제는 물러갔으며, 오늘날의 기업 자본주의는 애덤 스미스 시대의 기업 자본주의와는 크게 다르다. 사회생활과 경제생활의 구조가 우리 개인들을 모양 지어 주기도 하지만, 시간이 갈수록 우리 개인들과 집단들이 사회생활과 경제생활의 구조를 모양 짓는 것도 사실이다.

기업에 가해지는 외부 압력과 관련하여 기업 비판가들이 요구하는 몇몇 개혁들은 나 역시 지지하는 것들이다. 기업의 이사회가 근로자, 지역 사회, 여타 대표들을 통합함으로써 다양한 주주들에게 좀더 민감하게 반응하도록 독려하는 일은 바람직할 수 있다. 일부 활동가들이 제안하듯이, 기업 헌장들에 더 직접적으로 사회적·환경적 책임을 명시하도록 각 주에서 법률을 개정하는 것도 유용할 것이다. 이사회 다각화 혹은 헌장 개정이 만병통치약이 될 수는 없겠지만 어느 정도는 도움이 될 거라는 얘기다. 개인으로서는 소비자 불매 운동과 주주 활동에 참여하고 '공정 거래' 제품을 구매함으로써 사회적·환경적 책임을 높이는 변화를 지원할 수 있으며, 시민으로서는 로비를 통해 기업이 보다 공정하고 지속가능한 사회의 건설을 추구하도록 압력을 기하는 법과 규제를 만들 수 있다. 시민으로서 우리는 또한, 보다 진보적인 레이건 이전 시대의 과세 체제로 복귀하도록 지지함으로써 지나친 경제적 힘의 집중을 막도록 도울 수 있다.

  기업에 외적인 압력을 가하는 것도 중요하지만 이와 더불어 기업 내부의 책임 및 적절한 정보의 흐름 구조를 발전시켜야 한다. 내부 구조는 책임감 있게 행동하길 바라는 내부 사람들에게 유리하게 작용할 수도 있고 불리하게 작용할 수도 있다. 재정적 기준뿐 아니라 사회적·환경적 기준까지 포함하는 '3중 결산', 즉 '사회적 영향 관리 회계 시스템'은 밝은 미래를 약속해 줄 것이다. 물론, 재정적 관심과 사회적·환경적 관심이 '언제나' 똑같은 방향으로 나아간다고 생각할 수는 없다. 따라서 언제나 소비자 활동과 정부 활동을 통해 재정적 동기들이 사회적 가치와 더욱 근접하도록 끌어올리는 노력을 기울여야 할 것이다. 기업의 결정이 윤리적인 결정이라는 인식이 정착되면 우리는 올바른 궤도에서 출발할 수 있다.

앞으로의 전망

나는 사회과학과 철학의 주류 학자들이 경제학, 윤리학, 보살핌 간의 관계를 보다 적절히 이해하는 방향으로 나아갈 거라 생각하지 않는다. 학계는 너무 타성에 젖어 있다. 그렇지 않기를 간절히 바라지만, 10년 후에도 수많은 경제학도들이 여전히 경제가 경이로운 기계라고 배울 거라는 우려가 머릿속에서 떠나지 않는다.[5] 또 대다수 사회학도나 철학도 여전히 화폐 경제가 본질적으로 인간성을 말살한다는 걱정에 젖어 있을지 모른다.[6]

나는 구태의연한 18세기적 경제 기계 이미지를 타파하는 데 가장 큰 도움을 줄 만한 사람들은 일선에서 기업을 경영하거나 보살핌 직종에 종사하는 사람들일 거라고 생각한다. 시간이 갈수록 보다 많은 학자들과 유명한 작가들이 이러한 프로젝트를 지지하여 여론을 보다 새롭고 보다 책임감 있게 바꿔주기를 바란다.

이쯤 해서 역사에서 얻을 수 있는 한 가지 교훈을 제시하고자 한다. 1800년대 말 미국 정치사에 진보주의 시대가 시작될 즈음, 미국 내에는 명확한 전선이 구축되어 있는 것처럼 보였다. 한쪽에서는 자본주의의 '노상강도귀족', 즉 대규모 제철 기업이나 석유 기업 등의 소유주들이 별다른 규제 없이 자유롭게 돌아가던 당시의 자본주의 시장을 토대로 막대한 부를 축적했다. 그러는 사이 다른 한편에서는 산업 근로자(개중에는 어린이도 있었다.)들이 비위생적이고 억압적인 환경에서 하루 14~16시간씩 일했다. 노동자들은 당연히 "만국의 노동자들이여, 단결하라!"라고 하는 마르크스주의자들의 외침에 부응할 수밖에 없었다.

그러나 진보주의 시대의 주도적인 철학은 자본의 이익과 노동의 이익을 대립되는 것으로 볼 필요가 없다는 관점을 견지했다. 노동법이나 금융 시장 규제, 사회 보장 및 고용 보험 같은 여러 가지 프로그램들, 식약품 검사 등등, 오늘날 우리가 당연하게 여기는 많은 것들이 그 시대에 이루어진 갖가지 혁신에 그 뿌리를 두고 있다. 이러한 프로그램들은 대개 모든 이해 관계자들의 의견을 반영하여 고안된 것들이다. 업계 대표들과 노동자들, 소비자 단체들, 정부 기관들이 모두 포함된 위원회가 창설되어 당시의 산업 경제를 괴롭히는 최악의 문제들을 해결하려 노력했다.

제도 경제학자로서 가장 유명한 위스콘신 대학의 존 R. 코먼스(John R. Commons)는 20세기 초에 이러한 실용주의 접근 방식을 전파하는 데 큰 역할을 담당했다. 코먼스와 그의 동료들은 해답을 제시해 주는 갖가지 이론들을 완전히 배제한 채 실질적인 조사를 수행했다. 주로 특정 산업들의 구체적인 성격과 문제점을 살펴보고 다른 부분에서 시도된 해결책에 대한 정보를 수집하며 관계자의 의견을 구하는 방식을 사용한 것이다.

실용주의 접근 방식이 양측 경제 기계 광신자들의 회의를 사는 것은 당연한 일이었다. 한편에서는 급진적인 마르크스주의자들이 노동자들에게 빵 부스러기를 조금 더 던져줌으로써 본질적으로 억압적인 체제를 근근이 견딜 만한 것으로 바꿨을 뿐이라며 반대했다. 또 다른 한편에서는 자본주의의 부를 축적한 투사들이, 진보주의 정책이 초래한 정부의 '간섭'은 자유 시장의 원동력에 짐이 될 뿐이라고 불평했다.

21세기 초반, 지금은 바야흐로 재정비의 시기이다. 진보주의 시대의 업계와 가족에 맞게 고안된 낡은 정책들 중 일부는 더 이상 우리의 상황에 적절히 들어맞지 않는다. 우리에게는 새로운 문제들을 해결해 줄 새로운 사회적 대응법이 필요하다. 진보주의 시대에는 생태계 문제가 대두되지 않았다. 또 진보주의 시대의 정책이 고안될 당시에는 보살핌 역시 집안의 여자들이 무급으로 맡아야 할 일이었다.

그러나 현재 극우익들은 진보주의 시대의 프로그램 대다수를 전면 폐지하려고만 들 뿐 그 대안은 제시하지 않고 있다. 이들은 규제 완화와 민영화를 만병통치약으로 삼는 이상주의적 신자유주의 정책, 친시장 정책들을 떠들어댄다 그러는 사이 공산 국가들에서 나타난 절망적인 결과 때문에 급진적인 이론이 가장 비실용적인 학문으로 전락했고, 덕분에 마르크스주의는 극우익을 비판하는 세력으로서의 힘을 거의 상실했다. 진보주의가 만들어낸 정책들은 오늘날의 사회와 경제에 더 이상 완전히 들어맞지 않지만, 그 방법에서는 많은 것을 배울 수 있다고 나는 생각한다. 우리가 던져야 할 질문은 "오늘날 우리 사회에 가장 큰 해악을 초래하는 요소는 무엇인가?", "어떻게 하면 함께 노력해서 그것을 바로잡을 수 있는가?"이다.

한 종류의 기계적 순수주의에 대한 대응으로 그 반대 종류의 기계적 순수주의를 생각할 필요는 없다. 우리는 살아 숨쉬는 경제의 건강이 보살핌과 존중의 관계를 지지하고자 하는 의지와 우리의 윤리적 의사 결정에 달려 있음을 인식할 수 있다. 사회적 정의, 생태계의 지속가능성, 사회적 약자들에 대한 배려가 존재하는 세상을 만들고 싶다면, 예전의 진보주의자들처럼 인간의 이익에 이바지하는 현실적인 경제를 구축하는, 실용적이고 도전적인 프로젝트에 노력을 쏟아 부어야 한다. 우리의 육체와 영혼이 맞이할 앞날은 그 노력 여하에 달려 있다.

주(註)

머리말

1. William J. Baumol, *The Free-Market Innovation Machine: Analyzing the Growth Miracle of Capitalism* (Princeton, NJ: Princeton University Press, 2004), chap. 1.
2. David C. Korten, *The Post-Corporate World: Life after Capitalism* (San Francisco: Berrett-Koehler; West Hartford, CT: Kumarian, 1999), p. 23, 36.
3. Adrian Walker, "Foster Parents Deserve a Raise," *Boston Globe*, March 20, 2000.
4. 이와 같은 사항을 중요하게 여기는 독자들을 위해 밝혀둔다. 박사 학위를 받은 곳은 매디슨에 있는 위스콘신 대학교였고, 몸담았던 정부 기관은 미국 노동통계청이었으며, 종신 재직권을 받은 곳은 데이비스에 있는 캘리포니아 대학교다. 나는 *Econometrica, American Economic Review, Journal of Political Economy, Journal of Economic Perspectives, Review of Economics and Statistics, Journal of Labor Economics* 등에 글을 발표했다.

1장 사랑 없는 돈

1. Adam Smith, *An Inquiry into the Nature and Causes of the Wealth of Nations* (1776); excerpt in *The Essential Adam Smith*, ed. Robert L. Heilbroner (New

York: W. W. Norton, 1987), p. 159.

2. Adam Smith, *The Theory of Moral Sentiments*, ed. D. D. Raphael and A. L. Macfie (1759; Oxford: Clarendon, 1976), p. 182, 185, 186.
3. Smith, *Wealth of Nation*, book 1, chap. 2.
4. Smith, *Wealth of Nation*, book 4, chap. 2.
5. Smith, *Theory of Moral Sentiments*, p. 185.
6. John Stuart Mill, *Essays on Some Unsettled Questions of Political Economy*, 2nd ed. (London: Longmans, Green, Reader & Dyer, 1874), essay 5, pars. 46, 38.
7. 이번 장의 다음 섹션에서 이 정리 뒤에 숨은 몇 가지 가정을 살펴볼 것이다.
8. 나는 신고전주의와 반대편에 서 있는 학파들, 이를테면 마르크스주의, 제도주의, 사회경제학, 오스트리아학파 등은 다루지 않는다. 이 학파들이 지닌 나름의 통찰력에도 불구하고, 오늘날 경제학에 대한 학문적·대중적 논의에서 이들을 추종하는 이가 매우 적기 때문이다. 또 많은 주류 경제학자들은 신고전주의 경제학자들이 (신고전주의의) 핵심 모델이 창안된 이후 그것을 다양한 방향으로 확장·전개시켰음을 지적하면서, 이 학문에 대한 나의 기술이 지나치게 단호하다고 생각할 것이다. 그렇다고 나의 관점이 바뀌지는 않는다. 대학 및 대학원의 '핵심' 교과과정만 봐도 가장 단순한 형태의 신고전주의 모델이 여전히 나머지 경제학의 토대로 여겨짐을 알 수 있다. 아울러, 신고전주의 패러다임이 새로운 방식으로 전개되는 경우라 할지라도 경제가 기계라는 기본 은유를 약간 수정하거나 '살짝 비튼' 것에 불과한 경향을 보인다. 예를 들어, 지난 몇 년간 경제학 내에서는 감정의 신경생리학에 대한 관심이 부쩍 증가했

다. 그와 같은 경제학과 심리학 사이의 대화는 인간의 신체, 개인적 가치관과 사회적 가치관, 복잡하고 진화된 행동들에 새로운 관심을 불러모을 가능성을 지닌다. 하지만 그 대신 심리적인 정보가 합리적 선택 모델로 흡수되면서, 사람들이 합리적으로 효용을 극대화하는 과정에서 어떻게 감정 때문에 '실수'를 저지를 수 있는가 하는 점을 강조하게 되었다. 나는 좀더 학술적인 글들에서 현대 경제학의 여러 다양한 측면과 씨름해 왔지만, 여기서는 핵심적인 은유만을 고찰하는 것이 나의 목적이다.

9. 다소 기계주의적인 친시장 관점을 취하기는 하지만 현실 세계의 시장 제도가 지닌 복잡한 특성늘을 일부 고려하는 경제학자의 논의를 보려면 다음을 보라. John McMillan, *Reinventing the Bazaar: A Natural History of Markets* (New York: W. W. Norton, 2002).

2장 돈 없는 사랑

1. Center for Career Development in Early Care and Education, "Briefing Booklet: Advance Reading for Sept. 14, 2000," Wheelock College, Boston, MA.
2. John Atherton, "Where Do Spirituality and Economics Meet?" *Journal of the Association of Christian Economists* 17(1994): 10, 11.
3. David Korten, *When Corporations Rule the World*, 2nd ed. (San Francisco: Berrett-Koehler, 2001), p. 23, 74, 223; Nancy Fraser, "Rethinking Recognition," *New Left Review* 3 (2000): 11; David Loy, *The Great Awakening: A Buddhist Social Theory* (Boston: Wisdom, 2003), p. 42, 67, 80; Ken Jones, *The New Social Face of Buddhism: A Call to Action* (Boston: Wisdom, 2003), p.

161~62; Barbara Kingsolver, *Small Wonders* (New York: HarperCollins, 2002), p. 13; Virginia Held, "Care and the Extension of Markets," *Hypatia* 17, no. 2 (2002): 32; Gar Alperovitz, "Sustainability and the System Problem," *The Good Society* 5, no. 3 (1995): 3.

4. Korten, *When Corporations Rule the World*, p. 245; Herman Daly and John Cobb Jr., *For the Common Good: Redirecting the Economy toward Community, the Environment, and a Sustainable Future* (Boston: Beacon, 1989).

5. Marjorie Kelly, *The Divine Right of Capital: Dethroning the Corporate Aristocracy* (San Francisco: Berrett-Koehler, 2001)

6. 이 관점에 대한 학계의 대표적인 지지자는 Michael Walzer이다. 그의 저서 *Spheres of Justice: A Defense of Pluralism and Equality* (New York: Basic Books, 1983)를 참조하라.

7. Max Weber, *The Protestant Ethic and the Spirit of Capitalism*, trans. Talcott Parsons (London: Allen & Unwin, 1930), p. 181.

8. Jürgen Habermas, *The Theory of Communicative Action*, vol. 2, *Lifeworld and System: A Critique of Functionalist Reason*, trans. Thomas MacCarthy (Boston: Beacon, 1981).

9. Habermas, *Theory of Communicative Action*, p. 113, 173, 202, 402.

10. Arlie Russell Hochschild, *The Commercialization of Intimate Life: Notes from Home and Work* (Berkeley: University of California Press, 2003), p. 8.

3장 고동치는 심장

1. Thomas Kuhn, *The Structure of Scientific Revolutions* (Chicago: University of

Chicago Press, 1962).

2. George Lakoff, Mark Johnson, *Metaphors We Live By* (Chicago: University of Chicago Press, 1980), p. 5.

3. Evelyn Fox Keller, *Reflections on Gender and Science* (New Haven, CT: Yale University Press, 1985); Susan Bordo, *The Flight to Objectivity: Essays on Cartesianism and Culture* (Albany: State University of New York Press, 1987); Sandra Harding, *The Science Question in Feminism* (Ithaca, NY: Cornell University Press, 1986); Brian Easlea, *Witch Hunting, Magic and the New Philosophy* (Brighton, UK: Harvester Press, 1980).

4. Keller, Reflections, p. 55; James Hillman, *The Myth of Analysis* (New York: Harper & Row, 1972).

5. 나의 경제학자 동료들 중 다수는 이러한 의견에 강력히 항의할 것이다. 일부 경제학자들은 빈곤, 임금, 과세, 경기 순환, 현실 세계 시장 등의 문제에 관하여 유용하고 실용적인 연구를 하는 것이 사실이기 때문이다. 그러나 나는 대부분의 경우 그들이 한 연구의 유용성은, 그들이 기계적 패러다임을 '활용했기 때문'이 아니라 그러한 패러다임을 '활용했음에도 불구하고' 생겨난 것이라고 생각한다. 하지만 높은 학문 수준에 있는 경제학자들은 자신들의 이론의 유용성을 입증해야 할 필요성에서 안전하게 격리되어 있다. 유명한 대학 경제학과의 교수들은 일반적으로 서로의 연구를 검토하고 서로의 대학원생을 고용한다. 따라서 그들은 대체로 학교 울타리 안에서 무엇이 가치 있는지(그리고 무엇이 고고한 학문에 어울리는지)에 관한 기준을 세울 수 있을 뿐이다.

6. 학자이자 저술가인 우리 중 많은 이들은 세상의 빈곤자들을 진심으로

염려하며, 글을 쓰는 것이 더 나은 세상을 만드는 데 우리가 기여할 수 있는 최선의 방법이라고 생각한다. 우리의 비판 때문에 감정이 상한 기업 경영자가 다음과 같이 대꾸하는 것은 당연하다. "그럼 오늘 당신들은 몇 사람을 먹일 수 있는 음식을 만들었습니까? 실직자를 위해 얼마나 많은 일자리를 만들어냈습니까?" 나는 그것이 무슨 뜻인지 잘 안다. 좀더 노골적인 표현을 쓰자면, 그들은 책을 쓰는 것이 지구상의 나무만 없애는 행동일 뿐이라고 말하는 것이다.

7. 경제학자 낸시 폴브러(Nancy Folbre) 역시 '심장' 은유를 경제학 논의에 적용하자고 제안했다. *The Invisible Heart: Economics and Family Values* (New York: New Press, 2001). 내가 폴브러의 연구에서 상당한 도움을 얻은 것은 사실이지만 이 이미지를 사용할 때 폴브러와 나 사이에 중요한 차이점이 있다는 사실을 지적해야겠다. 폴브러는 '사랑, 의무, 상호 관계'의 특성을 지닌 '보이지 않는 심장'이 '경쟁 시장의 분산화되고 기계적이며 자기 조정적인 힘'을 지닌 '보이지 않는 손'의 기능을 뒷받침한다고 주장한다(xii). 즉, 폴브러는 '보이지 않는 손'을 당연한 것으로 가정하고 거기에 추가되는 이미지의 중요성을 주장하는 것이다. 이와 반대로, 나는 보살핌과 용기뿐 아니라 경제생활의 공급 기능 및 규칙성까지 포함하는 단일한 은유로서 '고동치는 심장'을 사용한다. 나는 경제가 자동적으로 돌아가며 유익함을 제공한다는 이미지와 경쟁력에 대한 과장을 내포하고 있는 '보이지 않는 손'이, 배후에 있는 진정한 독립적 실제가 아니라 종종 우리를 오도하는 추상적 개념이라고 생각한다. 따라서 내가 제안하는 이미지에는 보이지 않는 손이 전혀 포함되지 않는다.

8. 경제를 연구하는 학자들에게, 이러한 다양성은 '원대한 이론'이라는 관

념을 버리고 그 대신 보다 신중하고 유용한 '중위(中位)의 이론'을 추구한다는 것을 뜻한다. 기계 모델이 학계의 마음을 끌어당긴 요인 중 일부는 이 모델이 지닌 (가공적인) 포괄성인 바, 이러한 포괄성은 간단하고 영구적이며 기하학과 같은 진리에 의해 경제를 설명할 수 있다는 생각에 근거한다. 그러나 경제학이 기하학과 같다는 생각을 버린다고 해서 경제생활을 더욱 깊이 이해하기 위한 연구 역시 포기해야 한다는 뜻은 결코 아니다. 심장 은유를 받아들이면, 생물학 및 의학의 실증적이고 실험적인 실례들을 경제학 연구를 위한 유익한 모델의 본보기로 삼을 수 있다.

9. 여타의 은유와 마찬가지로, '고동치는 신장'의 특성들이 글자의 뜻 그대로 경제가 지닌 특성들과 완전히 일대일로 맞아떨어진다는 뜻은 아니다. 예컨대, '시계 장치로서의 경제' 은유는 경제에 진짜로 시침이나 분침이 있다든지 경제가 시간을 알려준다는 뜻은 아니다. 이와 마찬가지로 내가 '심장' 은유를 사용한다고 해서 경제에는 ('머리 대 가슴'이라는 오래된 비유를 이용할 경우) 생각이 없다거나 경제가 기계(인공심장)로 대체될 수 있다는 의미를 떠올리지는 말기 바란다. 그 어떤 은유도 완전하지는 않다.

10. Milton Friedman, *Capitalism and Freedom* (Chicago: University of Chicago Press, 1982), p. 133.

11. Korten, *When Corporations Rule the World*, p. 74.

4장 무엇을 위해 일하는가

1. 두 인용문은 다음을 근거로 하였다. Teresa Toguchi Swartz, "Mothering for

the State: Foster Parenting and the Challenges of Government-Contracted Carework," *Gender and Society* 18, no. 5 (October 2004): 583.

2. 이 사례의 경우, 1년 후 다행히도 의료보험 혜택이 유지되고 소액의 지원금을 허용하는 쪽으로 관련 법규가 바뀌어 에르난데스 가족은 남자아이를 입양하였다(Swartz, "Mothering for the State," 583).

3. 건강 관리사들에 대한 최근의 조사는 이러한 관점이 널리 퍼져 있다는 사실을 확인해 준다. Julie A. Whitaker, "The 'Heart Issue' : Health Care Managers and the Discourse of Compensating Wage Differentials" (working paper, University of Wisconsin, Madison, 2004).

4. Habermas, *Theory of Communicative Action*, p. 266, 270, 272.

5. Mervyn King, "The Institutions of Monetary Policy," *American Economic Review* 94, no. 2 (2004): 1~13.

6. Richard M. Titmuss, *The Gift Relationship: From Human Blood to Social Policy* (London: Allen & Unwin, 1970).

7. Bruno Frey, *Not Just for the Money: An Economic Theory of Personal Motivation* (Cheltenham, UK: Edward Elgar, 1997).

8. Howard Margolis, *Selfishness, Altruism and Rationality* (Cambridge: Cambridge University Press, 1982).

9. Kathy Modigliani, *Child Care as an Occupation in a Culture of Indifference* (Ph.D. dissertation, Wheelock College, 1993), p. 22.

10. Folbre, Invisible Heart, p. 38.

11. "Brockton Nurses Plan to Walk Out as Contract Talks Fail," *Boston Globe*, May 25, 2001. 간호사들은 2001년 9월까지 파업을 계속했고 병원 측이

직원 충원, 강제적 초과 근무, 부적절한 부서 배치, 급여 등의 문제에 관해 여러 측면에서 양보하기로 합의한 후에야 파업을 철회했다.

12. Julia O'Connell Davidson, "The Rights and Wrongs of Prostitution," *Hypatia* 17, no. 2 (2002): 86.

13. James C. Collins and Jerry I. Porras, *Built to Last: Successful Habits of Visionary Companies* (New York: HarperBusiness, 1994), p. 228. 원전에서 강조.

5장 이기적 조직 속에서

1. 평균적인 차이를 밝힌 연구의 예로는 다음을 참조하라. P. J. Devereaux et al., "A Systematic Review and Meta-analysis of Studies Comparing Mortality Rates of Private For-Profit and Private Not-for-Profit Hospitals," *Canadian Medical Associations Journal* 166, no. 11 (May 28, 2002). 차이가 거의 없다는 연구 결과는 다음을 보라. Frank A. Sloan, Gabriel A. Picone, Donald H. Taylor Jr., and Shin-Yi Chou, "Hospital Ownership and Cost and Quality of Care: Is There a Dime's Worth of Difference?" *Journal of Health Economics* 20, no. 1 (January 2001): 1~21.

2. Suzanne W. Helburn, ed., *Cost, Quality and Child Outcomes in Child Care Centers: Technical Report* (Denver: University of Colorado, Center for Research in Economics and Social Policy, 1995).

3. Mark McClellan and Douglas Staiger, "Comparing Hospital Quality at For-Profit and Not-for-Profit Hospitals" (NBER Working Paper 7324, National Bureau of Economic Research, August 1999).

4. 최근 몇십 년간, 비교적 주류에 속하는 경제학자들 일부가 기업의 조직

적 본질을 고려하기 시작하였다. 그러나 '신제도주의' 경제학과 거래 비용 경제학은 여전히 신고전주의의 많은 가정들을 유지하고 있다. 이윤 극대화는 여전히 기업의 유일한 목표로 간주되며(이를 달성하기 위한 특정한 어려움들이 현재 인정되고는 있지만), 이러한 모델은 매우 제한적인 가상의 인간관계만을 다룬다. 한편, 완전 단일 기업이라는 신고전주의의 가정은 여전히 교단을 장악하고 있으며 수많은 경제학 연구에서 기본 가정으로 남아 있다.

5. Korten, When *Corporations Rule the World*, p. 74.
6. D. Gordon Smith, "The Shareholder Primacy Norm," *Journal of Corporation Law*, Winter 1998, 285.
7. William A. Dimma, "Putting Shareholders First," *Ivey Business Quarterly* 62, no. 1 (1997): 33.
8. Smith, "Shareholder Primacy Norm," p. 278에서 인용.
9. 예로써 다음을 보라. Kelly, *Divine Right of Capital*, p. 148.
10. 주주 이외의 대상에 대한 기업의 책임에 대한 논의는 1930년대에 활발하게 이루어졌다. Lynn A. Stout, "Bad and Not-So-Bad Arguments for Shareholder Primacy," *Southern California Law Review* 75, no. 5 (2002): 1189~1209. 또한 영향력 있는 경영학 학자인 R. Edward Freeman이 *Strategic Management: Stakeholder Approach* (Boston: Pittman, 1984)에서 이 문제를 공식적으로 제기한 이후 1980년대에 관련 논의가 다시 등장했다. 기업의 목적이 '주주'에게 이윤을 제공하는 것인가, 아니면 기업이 그 기업에 이해관계를 갖고 있는 사람들 즉 여타의 '이해관계자들' 까지 고려해야 하는가 하는 문제가 논쟁의 초점이었다. 종업원은 명백한

이해관계 집단이지만, 대개 공급 업체, 소비자, 채권자, 지역 사회 또한 기업에 대해 상당한 이해관계를 갖고 있으며, 이들은 기업이 사업을 유지한다는 근거 하에 장기적인 계획을 세우고 특정한 투자를 한다. 이 글을 쓰고 있는 지금도 논쟁이 또 다시 떠오르고 있으며 때때로 '속성 모델(property model)' 대 '실체 모델(entity model)'이라는 용어가 사용된다(Stout, 1190). 이러한 개념 또한 더욱 확장될 수 있을 것이다. 기업의 활동이 보다 넓은 사회적 결과를 초래한다는 점에서 사회 전체가 이해관계자로 간주될 수 있는 것이다. 또한 기업은 자연계와 상호 관계를 맺고 있다. 기업은 자연 재해, 생태계 악화, 생태학적 발전 등에서 영향을 받지 않을 수 없으며, 거꾸로 그들의 행동은 생태계의 균형에 영향을 미친다.

11. Edward A. Adams and John H. Matheson, "A Statutory Model for Corporate Constituency Concerns," *Emory Law Journal* 49 (2000): 1088. 인용문에 강조 추가.

12. Jill Fisch, "Measuring Efficiency in Corporate Law: The Role of Shareholder Primacy," University of California-Berkeley Law and Economics Workshop, 2004, paper 5 (http://repositories.cdlib.org/berkeley_law_econ/Spring2005/5/; assessed July 25, 2005).

13. Adams and Matheson, "Statutory Model," 1085, 1087.

14. American Law Institute, *Principles of Corporate Governance: Analysis and Recommendations* 1994; "Managerial Duties and Business Law," Harvard Business School Publication No. 9-395-244, July 1995에서 발췌.

15. Smith, "Shareholder Primacy Norm," 286.

16. Jay W. Lorsch and Elizabeth Maciver, *Pawns or Potentates: The Reality of America's Corporate Boards* (1989), Smith, "Shareholder Primacy Norm," 291 에서 재인용.
17. Collins and Porras, *Built to Last*, p. 8.
18. Lynn A. Stout, "New Thinking on 'Shareholder Primacy'" (working paper, University of California at Los Angeles School of Law, January 10, 2005), p. 4~5.
19. Dimma, "Putting Shareholder First," 33.
20. Lynn Sharpe Paine, *Value Shift: Why Companies Must Merge Social and Financial Imperatives to Achieve Superior Performance* (New York: McGraw-Hill, 2003).
21. Betsy Morris, "How Corporations Are Betraying Women," *Fortune*, January 10, 2005.
22. 이 대학교와 나의 분쟁은 결국 변호사, 중재인, 매사추세츠 주 차별금지위원회(Massachusetts Commission Against Discrimination)를 통해 해결되었다 (차별금지위원회에서는 나의 고소에 '상당한 이유'가 있다고 판결하였다.).

6장 육체와 영혼의 공존

1. National Association for the Education for Young Children, "Cost, Quality and Child Outcomes in Child Care Centers: Key Findings and Recommendations," *Young Children* 50(1995): 40~44.
2. Center for Child Care Workforce, *Current Data on Child Care Salaries and Benefits in the United States* (Washington, DC: Center for the Child Care

Workforce, 2000).

3. Suzanne W. Helburn and Barbara R. Bergmann, *America's Childcare Problem: The Way Out* (New York: Palgrave, 2002), p. 213.

4. Bill Shireman and Tachi Kiuchi, "On (Not) Firing into the Crowd: Five Myths and Fuel Anti-Corporate Hate Campaigns," *Business Ethics*, Fall 2004, 4~5.

5. 이것은 경제학 교수법을 변화시키려는 개인들의 시도가 부족하기 때문이 아니다. 다음을 참조하라. Neva Goodwin, Julie A. Nelson, Frank Ackerman, and Thomas Weisskopf, *Microeconomics in Context* (Boston: Houghton Mifflin, 2005).

6. 학술 문헌에 관해 길게 살펴볼 지면은 아니지만, 학계 일부(경제학 이외의)에서 기업이 거대한 기계라는 생각에 이의를 제기하는 시각이 점차 증가해 왔다. 관심 있는 독자들은 대개 경영대학원에서 가르치는 기업윤리학과 조직행동학, 사회학과에서 가르치는 경제사회학과 조직사회학(특히 경제학의 '신제도주의'와는 다른 '신제도주의' 방식의), 법학 대학원에서 가르치는 기업법을 살펴보길 권한다.

옮긴이의 말

"그런데 어떤 경제를 말하는 건가?"

1992년 미국 대선은 민주당 클린턴 후보와 현직 대통령이던 공화당 부시 후보 간의 접전으로 세계의 이목을 끌었다. 한치 앞을 내다볼 수 없는 치열한 선거전이 벌어지고 있을 때 클린턴 후보 진영은 상대 후보 측을 향해 선거의 향방을 좌우하는 촌철살인의 경구를 던졌다.

"문제는 경제거든, 멍청아(It's the economy, stupid.)."

지나친 단순화일지 몰라도, 대선을 앞둔 현재 우리나라의 상황이 이와 비슷하지 않은가 싶다. '경제 대통령'이 화두로 자리 잡았기에 하는 말이다. 누가 이 나라의 경제를 살릴 적

임자인지, 누가 앞으로 이 나라의 경제를 책임질 역량을 갖췄는지를 놓고 후보들 간에 공방이 치열한 가운데 국민들 역시 뜨거운 관심을 보이며 의심 반 기대 반의 눈빛을 반짝이고 있다. '문제는 정말 경제'라는 데에 이론(異論)을 제기할 사람이 거의 없을 것 같은 분위기다.

그런데 도대체 우리는 지금 어떤 경제를 말하고 있는 것인가? 다들 경제에 관심이 많으니까 무작정 경제만 외치면 되는 것인가? 그 방향이나 지향점에 관해서는 별반 관심을 기울이지 않아도 되는 것인가? 혹시 "경제가 다 기기서 거기지 어떤 경제든 무슨 상관이야."라고 생각하는 것은 아닌가? 정녕 우리는 아직도 먹고사는 문제만 해결되면 다른 것은 아무래도 상관없는 그런 시대에 살고 있단 말인가?

아무래도 또 다른 질문을 하나 더 던져야 할 것 같다. 아마 이 질문에 대해서는 어느 쪽이든 자신의 입장을 분명히 할 수 있는 사람들이 적지 않을 것이다. 지금 우리는 '돈을 위한 경제'를 말하고 있는 것인가, 아니면 '사랑을 위한 경제'를 말하고 있는 것인가?

저명한 공공경제학자이자 페미니스트 경제학자인 줄리 넬슨이 쓴『사랑과 돈의 경제학』은 경제에 대한 바로 이런 식의 몰이해와 좌파적 착각 및 우파적 오해를 분석하고, '사랑과 돈, 둘 다를 위한 경제'가 실현 가능하다는 사실을 설파하는 책이다. 사람이 만든 경제 세계에 (풍요롭고 충만한 삶의 기준인) 윤리와 인간관계가 필수 부분이 되는 것은 지극히 당연하다는 게 저자의 논지다. 저자는 우리가 경제학이라고 부르는 학문에 육체뿐 아니라 영혼까지 부여하는 게 가능하다고 주장한다. 그것이 그리 어려운 일도 아니다. "경제는 기계다."라는 뿌리 깊은 인식을 타파하고 사랑과 돈에 대해 좀더 창의적으로 사고하기 시작하면 되니까 말이다.

모쪼록 이 책이 책임 있는 위치에 앉은 높은 사람뿐 아니라 기업과 조직, 나아가 모든 경제 주체들에게 크고 작은 의미의 '노블레스 오블리주'를 생각하는 계기가 되길 바라며, 작업에 도움을 준 번역가 박아람 씨께 감사의 말씀을 드린다.

2007년 겨울 문턱에서
안진환

찾아보기

ㄱ

가구 39~42, 89, 93
가난 32
가정 23, 67, 90, 115~116, 119
가정의 천사 116
가족 68, 79, 90, 107, 112, 132
가치 28, 30, 46~47, 58~59, 70, 121, 142~143, 157
가톨릭 71
간섭 32, 42, 73, 212
간호사 37, 117~118, 125~126, 135~136, 145, 185, 198
갈릴레이, 갈릴레오 26
감독관 140
감시 기관 49
감정 55, 58, 60, 79~80, 138, 143, 183
갭 155
거시경제 정책 95
게이츠, 빌 158
경쟁 29, 40, 162, 172~173
경제 기계 5, 8, 13, 28, 61, 67, 74, 91, 206, 210
경제인 39, 45, 48, 54
경제적 가치 58, 60, 97, 101, 120, 187
경제적 동기 126~127
경제학자적 자아 13
계몽주의 28
계산 기반 모델 39
계산기 39, 55
고동치는 심장 102, 105~106, 108, 126, 148, 196
고용 창출 29, 44, 96~97, 99, 196
고용주 16~17, 60, 108, 119, 139, 141, 143, 185
고전경제학 24, 25
고전주의 41, 139
공공선 152
공급 5, 15, 25, 34, 41, 44, 48, 63, 66, 96, 98, 101, 104~105, 196
공급 경제 정책 95
공산주의 49, 73
공익 7, 27, 31, 42, 62~63, 71, 73, 129, 192, 195, 204
공익사업 202
공익성 경제 62
공정 거래 209
과염소산염 205
과학 25~28, 38, 41, 46~47, 77, 79,

81~83, 86, 88, 95
과학성 45
과학적 관리법 138
관료제 186
광고 46, 91
교육 8, 11, 63, 107
교회 27, 91, 117, 154
구걸 100
구매 비용의 총합 40
국제연합(UN) 49
권력 26, 33, 65, 72, 74, 88, 98, 144~146, 159, 178, 182
글로벌 크로싱 203
금 태환 121
금괴 121
금본위제 121
금욕 39, 140
급여 11, 119, 125, 132~133, 138, 141
기계신 72
기계적 순수주의 213
기업 스캔들 목록 203
기업 윤리 7, 106, 108, 204
기업 헌장 209
기업법 165
『기업이 세계를 지배할 때』 56

ⓝ
남성 67~68, 78, 80, 86~87, 115, 190
남성성 86
노동 시장 138
노동자 24, 30, 111, 113, 204
노동조합 91, 137, 200, 205
노벨상 125
노상강도귀족 211
농부 100
뉴딜 정책 95
뉴욕증권거래소(NYSE) 92
뉴턴, 아이작 26, 77, 84~88, 95
니코 에너지 LLC 203

ⓓ
다국적 기업 62, 177
다윈, 찰스 28
다이너지 203
다치 기우치 207
대기업 49, 61, 107, 151, 160, 174, 176
댈리, 허먼 62
데이비드슨, 줄리아 오코넬 139
데카르트, 르네 26
도덕 6, 13, 25, 55~72, 80, 96~97, 151
도지 대 포드 166
도지 형제 166
돈키호테 74
돌 175

동기 123~127, 141, 147, 156
동기부여 73, 140
듀크 에너지 203
디마, 윌리엄 180
딱딱한 기술 146

ㄹ
라이트 에이드 203
래퍼, 아서 95
러시아 49
레이건, 로널드 95, 209
레이코프, 조지 82~83
로봇 41
로비 209
로비스트 71
로빈스, 라이오넬 41
로이, 데이비드 57
루스벨트, 프랭클린 델러노 95
루터교 35~36
릴라이언트 에너지 203

ㅁ
마골리스, 하워드 128
마르크스, 카를 65~66, 68, 181
마르크스주의자 211~213
마이크로소프트 175
마초 77, 80
머크 203

메릴린치 203
메커니즘 10, 28, 32, 38, 43, 56~58, 63~66, 77~81
모순어법 7
목록 1 29~30, 33, 97~99, 113
목록 2 33~34, 97~100, 113
목록 3 58, 60, 97~99, 113
목록 4 60, 97~99
목적의식 142
무어, 마이클 158
물리학 39, 41, 77, 85, 87, 94~95
물질세계 26
물질주의 7, 68
미국법률협회(ALI) 168
미란트 203
밀, 존 스튜어트 38~39, 45, 55, 139, 141

ㅂ
바우몰, 윌리엄 6, 13
바자회 73
반기업 7~8, 34
반배금주의 73, 113
반시장 7, 61, 96~98, 107, 139, 152, 155, 157, 173, 195
배당금 164, 166
배려 13, 54~55, 60, 67, 79, 98, 106, 123, 152, 195~196, 199, 214
뱅크 오브 아메리카 205

법인 164~166
베리존 175
베버, 막스 64~65, 68~89
보건 8, 11, 63, 107
보도, 수전 86
보살핌 6, 8, 13, 17, 68, 72, 88, 92, 101, 106, 111, 114~126, 135~137, 143~145, 196~202, 214
보살핌의 경제학 108
보상 32, 131, 134, 140
보수주의자 11
《보스턴 글로브》 136
보육 센터 131~132, 134, 153, 197
보이지 않는 손 7, 27, 31
보조금 201
복잡계 이론 85
볼테르 7
부드러운 기술 146
부정행위 49, 140
분리된 영역 8
『분석의 신화』 87
분업화 25
불교 100
브리스톨마이어스 스퀴브 203
블랙홀 85
비벤디 유니버설 204
비산업적 인간 33
비영리 기관 9, 33, 70~72, 91~92, 152~154, 187

비인간적 56, 86, 99
빅토리아 시대 67~68, 70, 80, 100, 115~118, 199
빈곤 38, 48, 50, 68, 106
빈곤층 58~60, 96, 98

ⓢ

사랑 104~105, 112~114, 134~136
사랑 대 돈 134~136
사랑과 돈 134
사랑의 포로 135
사회 복지 11, 17, 32, 42, 45~48, 73, 113, 116, 131~132
사회 복지 사업가 111~112
사회 복지사 120
사회과학 13, 15~16, 36~37, 50, 120~121, 127, 143, 164, 210
사회적 맥락 124, 128
사회적 영향 관리 회계 시스템 209
사회적 책임 11, 17, 32, 106, 107, 195, 206
산업혁명 24, 73
산업화 26, 116
『삶으로서의 은유』 82
3중 결산 209
상대성 이론 85
상업화 63
상품화 57, 114
상호 의존성 54~55, 79

생명체 9, 15, 84, 103, 162
생태계 45, 58~59, 98, 104, 214
생태학 57
생필품 25, 39, 130
생활세계 65~66, 89, 121
생활용품 25, 39
선거 71
선택의 과학 41
선투자자 181
성 차별 186
성별 67, 78
성장 181~182
성직자 37
성추행 71
세계무역기구(WTO) 92
세계보건기구(WTO) 48
세계화 9
세금 24, 33, 92, 129
세인트올라프 대학교 35, 37
센던트 203
셔먼, 빌 207
소비 결정 방식 40
소비자 불매 운동 209
소비지상주의 60, 98
소유 39
수녀 117
수양부모 8, 112
수요 41
수익 178

수학 26, 36, 38~48, 53, 78~79, 85, 89~90, 95~96, 102, 160
수학적 최적화 171
순환 기관 102
스미스, 애덤 6, 14~15, 24, 26~27, 31, 39, 41~42, 49, 55, 66~67, 80, 89, 107, 119, 208
스미스, D. 고든 169
스워츠, 테레사 도구치 112
스크루지 59
스타우트, 린 A. 171
스톡옵션 140, 204
승려 100
시계 장치 14, 26, 28, 41, 84, 94, 105, 107, 138, 174, 182
시계공 28
시스템 7, 32, 43, 49, 56, 65~66, 89, 96, 105, 121, 147, 208
CMS 에너지 203
시장 가치 58, 159
시장 논리 57
시장 비판 14~15, 58~59, 61, 64, 67~68, 70, 72~74, 96~97, 162
시장 압력 176~177
시장 의존 경제 9
시장 지배력 175, 182
시카고학파 171
식민지화 66
신 28, 72

신경 과학 55
신고전주의 39~47, 55, 64, 87, 89, 91, 95~96, 160, 173~177, 181
신부 71
신성한 설계 28
신의성실의 의무 165, 167
신자유주의 195, 213
신타스 155
신학 54
실용주의 212
심리학 36, 54
심장 102~106, 196
씨티뱅크 203

◎
아동 발달 54~55
아동 학대 49
아마존닷컴 161
아서앤더슨 202~203
아원자 84
IBM 175
알코올 중독 50
알페로비츠, 가르 57
애서튼, 존 56
애정 70, 104, 146
약자 58~59, 98, 113, 144, 214
양육 112, 201
양자 이론 85
양자택일 16, 118

언어학 82
에르난데스, 로사 111~113, 130
SUV 158
AOL 182
AOL 타임워너 203
AES 203
에지워스, 프랜시스 39
엑손모빌 175
엔론 49, 161, 202~203
엔진 6, 57
엘파소 203
여성 12, 67~68, 78, 80, 86~87, 100, 115~119, 190, 213
여성적 자아 13
연삭기 205
영국왕립학회 86
영리 기업 55, 62
영업세 32
영역 분리 61, 63~64, 66, 68~69
영혼 5~7, 17, 94, 98~99, 102, 105~106, 195~196, 214
『오즈의 마법사』 105
오치된 구체성의 오류 93
『옥스퍼드 영어 사전』 23
올든버그, 헨리 86
왈라스, 레옹 39
외부 압력 155, 206, 208~209
외부재 64
요양원 118~119, 134, 198

욕구 14, 41, 46, 99, 141, 181
용기 105~106, 196
용돈 117
용역 5, 29~30, 33, 57, 96~97, 101
운동 법칙 38, 84, 87
울혈성 심부전 103
원자 83~84
월드콤 49, 161, 203
월마트 161, 175
위계질서 141, 144, 145
윈윈 해법 207
UPS 175
육아 8, 11, 49, 63
육체 5~6, 14, 17, 48, 86~87, 94, 98~99, 102~106, 195~196, 214
윤리적 자아 13
윤리지상주의 101, 113
윤리학 15, 43~44, 77, 156, 183
은유 82~88, 94~95, 102~103
의료보험 112~113
이기심 6~7, 27, 50, 56, 58, 60, 70, 77, 79~80, 88~89, 94~96, 98, 102, 119, 126, 128, 130, 135, 147, 195
이상주의자 33, 97
이윤 156~159
이윤 극대화 16, 40, 89~90, 108, 147, 155, 159~187, 208
이즐리, 브라이언 86

이직률 131, 197, 198
이질적 존재 163
2차 감염 199
이해관계 8
이해관계단체법규 168
인간 본성의 법칙 38
인간관계 8, 13, 53~59, 79, 89, 98, 106, 134, 147
인센티브 제도 183, 185
인수·합병 181~182
인정하는 경영 스타일 125
인종 차별 71, 186
임클론 203
입양 양육 지원금 8
입자 41, 84
잉여 소득 178

ⓧ

자급자족 24
자기 조절 메커니즘 27
자동적으로 7, 31, 41, 49, 96~97, 101, 114, 139, 156, 195, 204
자본주의 6~7, 25, 29~30, 44, 48, 57~68, 99, 139, 144, 156, 167, 195, 208, 211~212
자부심 142~143
자연력 49
자유 시장 6, 27~32, 42, 45~49, 68, 202, 204, 212

작은 것이 아름답다 61~62, 64, 68~69, 73
장애물 31~32, 49, 107
재가 보호 서비스 200
재분배 32
재화 5, 29~30, 33, 57, 66, 92, 96~97, 101, 158
전문화 25
점보 새우 8
정관 63, 164
정부 구제 61~62, 64, 68~69
정부 규제 32, 63, 69
정부 기관 9, 70, 152
정부간기후변화위원회(IPCC) 49
정크 푸드 158
제2운동법칙 26
제너럴 모터스 175
제록스 203
제번스, 윌리엄 스탠리 39
JP모건 체이스 203
존스, 켄 57
존슨, 마크 82~83
존중 6, 60, 78, 98, 125, 142, 146~147, 214
종교 25~27, 33, 36, 56, 71, 117
종신 재직권 188
좌파 7, 34, 66
죄책감 11
주주 17, 89, 161~170

중국 174
중산층 67, 115~117
중앙은행 122
증여 115, 123
지구 온난화 49, 59
지배 계층 24
지속가능성 47, 58, 98
지속불가능 57
지역 사회 62, 70~71
지역 중심 경제 62
진보주의 211~214
진화론 28
집안일 35, 143

ㅊ
착취 125, 128, 137, 147, 153
처벌 140~141
철장 64~65, 89
철학 14, 26~28, 45, 54, 64, 82, 120, 144, 210
초도덕적 5, 7, 9, 14, 61, 63
초세속성 33, 98, 113
최소 필요비용 177
최후통첩 게임 127, 129
출판사 172
출혈 104
친기업 6, 8, 14~15, 29~34, 61~68, 96~98, 106, 138~139, 152, 155, 157, 173, 195

친시장 6, 10, 29, 31, 73, 213
친자본주의 29

ㅋ
『캉디드』 7
K마트 203
케인스, 존 메이너드 95
켈러, 에벌린 폭스 86
켈리, 마저리 62
코먼스, 존 R. 212
코브, 존 62
코튼, 데이비드 7, 13, 56, 62, 107, 163
콜린스, 짐 142, 169
쿤, 토머스 82
퀘스트 커뮤니케이션 인터내셔널 203
크래프트 푸즈 205
『크리스마스 캐럴』 59
킹솔버, 바버라 57

ㅌ
타이코 203
타임워너 182
탁아소 118~119
탐욕 7, 31, 36, 57, 60, 72, 98, 107, 162, 178, 195, 199, 204
테일러리즘 138
톱니바퀴 27, 85, 93, 105, 124, 141

통제 141, 143, 145
통제적인 경영 스타일 125
티트머스, 리처드 123

ㅍ
파동 84
파레토, 빌프레도 39
파업 135~137
판례법 165, 167, 169
팡글로스 7
패러다임 82, 95
퍼스널 컴퓨터 7
페레그린 시스템스 203
페미니스트 57, 135
페인, 린 샤프 184
평균 154
평판 162
포드, 헨리 166
포디즘 138
포래스, 제리 142, 169
포브스닷컴 203
《포춘》 162, 186
포트녹스 121
폴브러, 낸시 135
프라이, 브루노 123
프라이스워터하우스쿠퍼스 203
프레이저, 낸시 57
프로크루스테스의 침대 88
프리드먼, 밀턴 107, 171

피고용인 60, 62, 99, 108, 139
피라미드 체계 181
필요 5, 45~47, 53, 62, 87~88, 98, 143

흑백 논리 207
히피 33
힐먼, 제임스 87

ㅎ

하딩, 샌드라 86
하버마스, 위르겐 65~68, 89, 121~122, 186
하청 174
한계비용 43
한계수입 43
핼리버튼 203
헬드, 버지니아 57
현대 경제학 10
혈액 123
호스피스 서비스 200
혹스차일드, 알리 67
홈스토어닷컴 203
화석 연료 49
화이자 175
화이트헤드, 앨프리드 노스 93
환경 문제 32, 46, 155
환경오염 48, 158, 179
효용성 40~41, 88~91
효율성 47, 63, 70, 138
후생경제학 42, 45, 47
후투자자 181
휴스, 로버트 137